이 책 오른쪽 페이지 위쪽에는 시각장애인을 위한 음성인식 바코드가 있습니다.
별도의 음성인식 기기를 이용하여 바코드를 읽으면 본문의 내용을 소리로 들을 수 있습니다.

버블의 탄생

버블의 탄생
—유명한 최초의 버블들

피터 가버 지음
이용우 옮김

Famous First Bubbles:
The Fundamentals of Early Manias

아르케

FAMOUS FIRST BUBBLES: The Fundamentals of Early Manias
by Peter M. Garber
Copyright © 2000 Massachusetts Institute of Technology
All rights reserved.
This Korean edition was published by Arche Publishing House in 2010
by arrangement with The MIT Press,
Massachusetts through KCC(Korea Copyright Center Inc.), Seoul.

이 책은 (주)한국저작권센터(KCC)를 통한 저작권자와의 독점계약으로
아르케에서 출간되었습니다.
저작권법에 의해 한국 내에서 보호를 받는 저작물이므로
무단전재와 복제를 금합니다.

추천사

이 책은 근세 경제사에서 가장 유명한 세 개의 버블, 즉 네덜란드 튤립광풍, 미시시피버블, 남해회사버블 등을 실증적인 관점에서 다루고 있다. 지금까지 흔히 버블이라고 지칭되어온 대표적 사례들이 시장의 합리적 운행에서 빚어진 자연스러운 결과라는 논점을 주창한다.

예를 들어 17세기에 일어났던 네덜란드의 튤립가격 폭등과 폭락현상이 시장의 작동에 따른 합리적 가격조정과정의 일환임을 각종 문헌과 통계로 입증한다. 마찬가지로 우리에게 비교적 덜 알려진 18세기 초 프랑스에서 발생한 미시시피버블 그리고 비슷한 무렵 일어난 영국의 남해회사버블도 용의주도하게 설계된 거시경제·금융적 실험과정에 따른 시장현상이었음을 설파한다. 요컨대 저자는 시장기제가 내포하는 효율성과 합리성을 상당히 중시한다.

결국 저자는 우리가 자주 접하는 '버블'이란 용어는 특정 시장상황을 해석하기 곤란한 경우, 이를 단체심리병리학적 관점에서 해석하려는 이들이 손쉽게 갖다 붙인 애매모호한 용어에 불과할 뿐이라고 주장한다. 이쯤에서 현명한 독자들은 짐작하겠지만 저자는 인간의 심리적 측면을 중시하는 행동경제학이나 비합리성을 인정하는 적응적 시장가설에 의문을 제기하는 입장에 있다. 저자는 가격의 급등락이 버블이 아님을 밝히기 위해 시장의 수급요인을 중심으로 하는 펀더멘털을 중시한다. 다만, 흥미롭게도 1636년에 이미 튤립구근 선물시장이 존재하고 있었으며 상당한 투기가 있었음을 인정하는 점에서 볼 때 수요를 단순히 실수요로 국한하지 않음을 알 수 있다. 투기적 수요가 가세한 시장의 가격급변도 펀더멘털을 반영하는 것으로 볼 수 있을지 여부에 대해서는 이론의 여지가 있다. 그러나 일단 이 점을 인정한다면 흔히 버블이라고 명명되는 대부분의 현상들이 시장 펀더멘털에 의해 설명된다.

우리가 이러한 논리를 수긍한다면 2008년 미국과 주요 선진국의 주택가격버블과 이로 인해 발생한 전 세계적 금융·경제의 위기에 대한 해결책도 시장외적인 정부규제강화보다는 시장 내부의 미비점을 보완하는 방향으로 나아가야 한다는 결론에 이를 것이다. 현재 벌어지고 있는 국제적 금융규제 변화와 관련하여 많은 분들께 일독을 권하는 바이다.

김상로
산업은행 경제연구소 소장

역자서문

이 책은 2002년 6월 15일 캠브리지의 한 책방에서 구입한 후 그간 계속 번역을 생각해오던 책이다. 지금 기억을 되새겨 보니 처음 이 책에 끌린 건 튤립 그림이 담긴 예쁜 표지 때문이었다. 터키에서 흘러들어온 튤립을 처음 본 유럽 사람들도 이런 기분이었으리라. 게으른 탓에 여태껏 미뤄오다가 이번 글로벌 금융위기를 통해 경제학 안팎에서 벌어지는 논의들을 보며 이 책의 국내소개가 필요하지 않을까 하는 생각을 했다. 이러던 차에 공교롭게 아르케 출판사의 호의적인 제의를 받게 되어 번역에 착수, 이제 결과물이 나오게 되었다. 역사라는 게 항상 이렇듯 우연적인 요소들의 결합을 통해 하나의 결과를 만들어낸다는 생각이 든다.

(경제학자로서) 역자가 글로벌 금융위기를 겪으며 가장 흥미롭게 읽었던 것은 2009년 7월 18일자 영국 이코노미스트지에 실린 특집기사들이다('The Other-Worldly Philosophers', 'Efficiency and Beyond'). 이 기사들을 읽어보면 금융위기를 계기로 분출된 경제학계 내부의 분위기를 들여다 볼 수 있다. 첫 번째 기사에는 그간 거시경제학계에서 벌어진 논쟁들과 현재 거시경

제학이 직면한 문제들이 잘 묘사되어 있다. 두 번째 기사는 금융경제학을 중심으로 대치하고 있는 효율적 시장가설과 행동주의 경제학의 논점들 및 두 진영의 융합가능성을 고찰한다. 특히, 그간 주류의 위치를 공고히 해오던 효율적 시장가설이 금융위기의 직격탄을 맞는 와중에, 이에 대응한 행동주의 경제학의 반격을 응축하여 소개하고 있다.

군이 분류하자면 이 책은 효율적 시장가설의 관점에 입각해 초기의 유명한 버블들을 고찰한다. 이 가설에 따르면 시장에서 버블은 형성될 수 없다. 가격은 시장 펀더멘털에 의해 결정되므로 균형에서 일시적으로 벗어나더라도 이러한 현상은 오래 지속되지 않는다. 효율적 시장가설이 글로벌 금융위기를 경과하며 흔들리고 있고 역자도 이 가설에 완전히 동의하는 것은 아니지만 이 책을 번역한 이유는 다음과 같다.

첫째, 독자들이 균형 잡힌 시각을 가졌으면 하는 소박한 바람이 있다. 이 책에서 다루는 세 개의 유명한 버블들과 관련하여 그간 국내에도 많은 책들이 번역되어 있으며, 본 역서의 참고자료로도 인용되고 있다. 이 저작들의 공통점은, 가버의 표현을 빌리자면, "어떤 투기적 사건을 근원적으로 설명할 수 없는 범주 혹은 대중심리에 의해 형성된 버블의 범주로 밀어 넣어버린다." 그가 주장하듯 어떤 경제적 현상에 대해 합리적인 경제적 설명을 제시하기 위하여 최선을 다해야 하는 것은 아닐까. 이런 관점에서 독자들은 기존에 국내에 소개된 문헌들의 관점과는 꽤 다른 세 가지 유명한 버블들에 대한 해석을 이 번역서를 통해 접할 수 있을 것이다. 이코노미스트지가 묘사하듯 현재 금융경제학 내부에서는 행동주의 경제학과 효율적 시장가설의 통합 움직임이 일어나고 있다. 독자들도 이 번역서를 통해 시장이 완전히 합리적이지도 않지만 완전히 비합리적인 장도 아니라는 것을 인식할 수 있는 생각의

단초들을 만날 수 있기를 바란다.

　둘째, 버블의 개념에 대한 문제이다. 그간 우리의 담론에서 자주 사용되어온 버블의 개념 자체도 끊임없는 논란거리 중의 하나이다. 현재 우리사회에서는 특히 부동산시장의 분석틀 안에 버블이라는 단어가 범람하고 있다. 하지만 역자가 판단하기에 버블에 대한 정의도 그 단어를 쓰는 사람들마다 다르며, 따라서 개념에 대한 어떠한 합의도 존재하지 않는다. 공자가 도는 정명이라 했던가. 이 책에서 가버는 버블과 관련된 여러 단어들에 대해 설명하며 각각에 대한 비판을 제시한다. 가버의 해석을 따르고자 하는 것은 아니다. 그의 개념에 대한 천착을 바라보며, 우리나라 경제현상에서 발생하는 여러 가지 이상현상에 대해 조금은 더 심각하게 우리 자신의 개념화를 고민할 수 있는 계기가 되었으면 한다.

　마지막 이 책의 번역 동기는 경제학적 분석에서 역사적 고찰의 중요성을 환기시키고자 함이다. 위기가 닥치면 사람들은 과거를 뒤돌아보게 된다. 과거에 발생했던 유사한 사건들을 들춰보고 현재와 비교하여 같은 점과 다른 점을 비교하고 현재를 돌파하는 데 어떤 방향타를 얻고자 함이다. 그런 의미에서 과거는 현재진행형이며 현재와 끊임없이 대화하고 있다. 이번 글로벌 금융위기를 거치며 과거를 뒤돌아보는 책들이 심심치 않게 눈에 띄고 있다. 1929년 미국 대공황에 대한 논의들의 화려한 부활이 그 한 예라 하겠다. 우리나라 시장은 자본주의라는 보편성을 가지고 있지만 그 안에는 여러 가지 특수성이 존재하는 것도 부정할 수 없다. 여러 관점들의 평가를 통해 궁극적으로는 우리시장을 제대로 볼 수 있는 혜안의 형성이 있었으면 하는 바람이다.

　항상 현실의 위기는 이론의 위기를 낳는다. 그람시가 얘기했듯 위기는 오래된 것은 죽어가고 있으나 새로운 것은 아직 탄생하지 못한 시기이다. 아이러니컬하게도 미네르바의 올빼미 역할을 주로 하던 경제학은 위기를 거치며 새로운 통찰을 제시해왔다. 현재의 격렬한 논의와 마찰들이 또 하나의 변증법적 통일을 이루어 경제학의 발전에 도움이 되리라 본다. 이 조그마한 번역서가 이러한 발전을 위한 격렬한 현재적 논의의 한 축으로 소개되길 바란다.

이 번역서를 부모님과 동반자 최신애에게 바친다. 술과 음악을 통해 많은 격려를 해주신 김상로 소장님과 벗 서경욱 교수에게도 감사의 마음을 드린다.

2010년 12월
이용우

차례

추천사   5
역자서문   7
서문   13

I. 버블에 대한 해석   15

II. 튤립매니아 전설

  1. 정치·경제적 배경   33
  2. 튤립매니아에 대한 전통적 이미지   39
  3. 튤립매니아 전설은 어디에서 유래하는가?   41
  4. 선물시장과 공매도에 대한 지배층의 시각: 팸플릿의 원천   45
  5. 선 페스트의 창궐   49
  6. 변형된 튤립   51
  7. 튤립구근 시장, 1634~1637   55
  8. 데이터의 특성   59
  9. 붕괴 이후의 튤립가격   71
  10. 18세기 및 이후 시기의 구근가격   75
  11. 이 에피소드는 튤립매니아였나   83

III. 거시적 버블

12. 서론: 미시시피버블과 남해버블	95
13. 존 로, 미시시피버블과 남해버블의 펀더멘털	99
14. 존 로의 금융활동	103
15. 미시시피 시장 펀더멘털에 대한 재논의	111
16. 로의 그림자: 남해버블	115
17. 남해회사의 금융행위	119
18. 남해회사의 펀더멘털	125
19. 결론	127

참고1 ǀ 대중적인 경제문헌들에 나타나는 튤립매니아	131
참고2 ǀ 17세기 튤립가격 데이터	137

주석	149
참고문헌	151
찾아보기	155

서문

버블은 금융, 경제, 그리고 심리작용이 교차하는 지점이다. 자산가격의 대규모 변동에 대한 최근의 설명들은 아주 오래전의 에피소드들뿐만 아니라 1997, 1998, 1999년 위기의 시기에 전개된 대부분의 사건들의 일차적인 요인으로 심리작용을 꼽고 있다. 하지만 이 책에서 제시되는 증거들은 최소한 초기의 버블들이 펀더멘털*에 의해 추동되었다는 것을 보여준다. 그러한 버블들은 근원적으로 금융과 경제의 상호작용에서 유래했으며 심리작용은 기껏해야 배경으로 작동했을 뿐이다.

이 책은 세 개의 가장 유명한 버블인 네덜란드 튤립매니아, 미시시피버블, 남해회사버블에 관한 책이다. 이 버블들은 민간 자본시장이 비정상적으

---

* 이 개념은 경제학자들에 의하여 이론적으로 정립된 개념이라기보다는 하나의 실무적 용어로서 정립된 것이다. 우리가 환율, 주식가격, 부동산가격과 같은 자산의 시장가격이 어떻게 결정되는가를 실무적 관점에서 관찰할 때 이는 그 자산의 내재가치와 이 내재가치를 시장참가자들이 재평가하는 과정에서의 변동에 의하여 결정된다고 볼 수 있다. 이때 자산의 내재가치를 결정하는 요인들을 펀더멘털이라 한다.

로 작동했던 예들로 인용되어왔다.

하지만, 이러한 인용들은 대부분 오류이다.

- 튤립매니아에 대한 일화 대부분이 희귀한 튤립구근의 높은 가격을 광기의 한 증거로 강조한다. 그렇지만 이는 가격의 급속한 하락이 그러한 것처럼 새로운 품종이 발달하는 시장의 일반적인 특징이다.
- 심지어 지금도 희귀한 튤립품종은 상당액수의 주택과 동일한 가치를 지닌다.
- 튤립버블이 끝났을 때 버블과 연관된 실제 경제적 곤경은 크지 않았다.
- 현재 우리가 접하는 일화들은 네덜란드 정부의 도덕적 캠페인에서 유래한 단 하나의 자료에 근거한다.
- 일반구근에 대한 투기는 1637년의 음울했던 겨울에 한 달간 발생했던 현상이다. 투기는 흑사병이 광범위하게 발생하던 와중에 일어났으며 실제 결과는 심각하지 않았다.
- 미시시피버블은 대규모의 화폐발행행위였으며 정부부채의 출자전환이었다.
- 남해회사버블 역시 엉성하기는 했지만 출자전환이었다.
- 두 버블은 정부 고위층이 추진 혹은 지원하고 영국과 프랑스의 모든 정부기구들이 지원한 거시경제계획이었다.
- 그럼에도 불구하고 이 버블들은 민간 금융시장에서 있을 수 있는 광기를 예방하기 위해서는 정부의 통제와 규제가 필요하다는 논리의 예로서 해석되고 있다.

I.

버블에 대한 해석

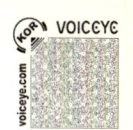

네덜란드 튤립매니아, 미시시피버블, 남해회사버블은 항상 대규모의 금융 불안정성과 관련하여 거론된다. 각종 문헌에 깊게 스며든 이 버블들은 이제 특정 사건에 대한 언급이라기보다는 금융 불안정과 동의어로 이용되고 있다. **군집행위**나 새롭게 유행하고 있는 **비이성적 과열** 같은 단어들과 함께 세 버블은 최근의 모든 위기에 대한 정책입안, 학문적 수사, 그리고 시장논평에 대해 지배력을 행사하고 있다.

일반적으로 이러한 사건들은 비합리성의 분출이라는 측면에서 인식된다. 즉, 자기발전적인 낙관주의가 팽창하여 자산가격을 부풀리고 투자와 자원의 잘못된 배분을 가져와서 결과적으로 공황과 금융·경제적 곤경을 불가피하게 발생시킨다는 것이다. 시장참가자들이 터무니없는 자기기만이나 맹목성에 사로잡힐 때 명확한 현실을 볼 수 없으므로, 이러한 에피소드들은 손해를 본 시장참가자들을 조롱하기 위하여 이용된다.

이 책은 세 가지 유명한 버블의 근원적 역사를 제공한다. 하지만 우선, 어떻게 이렇게 오래전에 발생한 사건들이 현대 규제체계의 수사어휘로 이용되고 있는 것인지를 이해하기 위해 이 사건들이 발생시킨 일련의 어휘들의 의미를 짚어볼 필요가 있다. 이 조그만 입문 용어사전에서는 이러한 단어들의 의미를 밝히고 비판을 수행할 것이다. 그다음에 권위 있는 문헌들에서 발견할 수 있는 **버블**이라는 단어의 정의를 제시하고 논의할 것이다. 마지막으로 이 세 가지 유명한 버블이 수행하는 수사학적 무기로서의 역할로 돌아갈 것인데, 이는 영국의 파이낸셜 타임즈가 1998년 10월의 위기를 해석하기 위하여 어떻게 이 버블들을 차용했는지를 고찰하면서 이뤄진다.

몇 가지 단어들의 의미

버블

위에서 언급된 불안정한 현상들에 대한 고전적인 단어는 '**버블**'이다. 버블은 경제학과 금융에서 가장 아름다운 개념 중의 하나이지만 탄탄한 조작적 정의operational definition를 결여하고 있는 애매한 단어이다. 따라서 누구든 그 단어로부터 원하는 것을 무엇이든 만들 수 있다. 경제연구에서 가장 빈번하게 이용되는 버블의 개념은 자산가격 변동 중 펀더멘털에 기반해 설명할 수 없는 부분을 일컫는다. 펀더멘털이란 자산가격의 변동을 초래한다고 우리가 믿는 변수들의 집합이다. 자산가격 결정에 대한 특정 모델의 맥락에서, 만일 우리가 자산가격에 대해 심각하게 잘못된 예측을 하게 된다면 버블이 존재한다고 말할 수 있을 것이다.

이렇게 된다면 우리가 설명할 수 없는 무언가가 벌어지고 있는 것이며 이를 보통 확률적 교란이라 부른다. 자산가격 연구에서는 이에 대해 버블이라는 이름을 붙이며, 버블을 이해하기 위해서는 결국 입증할 수 없는 심리적 요인들에 기댈 수밖에 없게 된다.

마음의 심리적 상태는 측정할 수 없는 개념이다. 특히 사건이 벌어진 후 몇 년 뒤에는 더 그러하다. 하지만 그것 없이는 설명할 수 없었을 일부 시장현상을 설명해주는 편리한 방법을 제공해주기도 한다. 우리가 선호하는 펀더멘털 모델들은 자산시장에서 관찰할 수 있는 중요한 현상들을 종종 설명할 수 없다. 우리는 시장심리현상이나 **시장정서**가 중요할 수 있다는 것을 안다. 따라서 시장심리현상이 낳은 실제결과와 비교하여 펀더멘털 모델들의

부적절함을 비난한다.

군집행위

대규모 자본유출입을 설명하기 위하여 근래에 자주 이용되는 **군집행위**는 투기자들을 일종의 희생자인 소떼로 묘사하는 공허한 단어이다. 투자자들은 스스로 풀을 찾으려는 노력 없이 리더를 따라 수동적으로 여기저기 다니며 풀을 먹는다는 것이 이 용어가 만들어내는 이미지다. 특히 군집행위 개념은 최근 신흥시장으로 대규모의 자금이 유입되는 현상에서 생겨났다.

군집행위는 비합리적 행위가 아니다. 만약 누군가가 분석에 뛰어나다고 알려져 있고 그 사람이 움직임을 보인다면, 그 행동을 따르는 것은 합리적이다. 문제는 수많은 기관투자자나 개인이 특정시장에 자금의 이동을 만들어내는 것을 설명하기 위해 군집행위개념에 의존하는 사람들이 어떠한 근거 하에서 투자자들이 의사결정을 하고 있는지에 대한 설명은 하지 못한다는 것이다.

우리가 한 시점에서 동시적인 대규모 자금유입을, 다른 시점에서 동시적인 대규모 자금유출을 관찰한다고 해서 이것이 몇 명의 똑똑한 사람들이 분석하고 다른 모든 사람들은 맹목적으로 따르는 군집행위가 진행되고 있음을 의미하지는 않는다. 모든 사람들이 각자 분석하고 있을 수도 있다.

혹은 펀드매니저들이 심도 깊은 연구와 분석을 믿을 만한 연구기관에 의뢰하고 이러한 연구기관은 다시 많은 고객에게 자문할 수도 있다. 어떤 개인 펀드매니저가 연구기관을 가지고 있지 않다고 해서 그가 맹목적으로 행동하고 있다고 할 수는 없다.

미래는 항상 안개에 싸여 있다. 우리는 향후 어떤 일이 발생할지 결코 알 수 없지만 미래에 대한 최선의 예측을 토대로 투자자원을 배분해야 한다. 그 틈을 메우기 위하여 이론이 필요하다. 가끔 미래에 대한 더 나은 예측을 가능케 하는 설득력 있는 이론이 등장한다. 이것이 경제연구가 하는 일이다. 관찰되는 행위들을 해석할 수 있고 더 나아가 현상들을 예측할 수도 있게 해주는 개념들을 만들어내는 것 말이다.

이론은 때로 설득력 있는 지배적 담론이 된다. 케인즈주의는 한때 설득력 있는 이론이었으며 각국의 정부들은 케인즈주의적 정책처방의 기초 위에서 군집행위를 이루었다. 이러한 정책들은 극단적인 형태로 실패하는 경향이 있었고 그 후 정부들은 그러한 정책들로부터 후퇴하였으며 좀 더 엄격한 반 인플레이션 정책을(군집행위의 형태로) 부과하였다. 하지만 케인즈주의를 수용했던 1960년대와 1970년대, 그리고 그로부터 무리를 지어 탈출했던 1980년대에 정부가 군집행위를 했다고 아무도 말하지 않는다.

비이성적 과열

최근 미국 연방준비제도이사회 의장인 앨런 그린스펀이 언급한 용어이다. 이것은 다우지수가 6,500 근처에 있었던 1996년 12월 현재 주식시장이 악화될 가능성이 있으며 주식가격의 적정 수준이 어디인지 자신이 더 잘 알 수도 있다고 주장하는 과정에서 나왔다(즉, 그는 시장가격이 이론적으로 적정한 가격으로부터 벗어난 현상에 대해 새로운 이름을 제공한 것이다). 그는 비이성적 과열이 진행 중인지도 모른다고 결론지었다.

3년 후 주가가 50% 더 높아진 1999년 2월 23일의 인터뷰에서 그 시기 여전히 비이성적 과열이 존재했다고 생각하느냐는 질문을 받았을 때, 그린스펀은 "그것은 당신이 사후에나 알 수 있는 일이다"라고 대답했다. 그리하여 개념의 예측력을 부정함으로써 그는 개념으로부터 모든 의미 있는 내용을 제거하게 된다.

버블에 대한 다른 두 가지 개념

버블의 의미가 얼마나 빈약하고 쓸모없는지 마지막으로 강조하기 위하여 각종 경제학 문헌에서 발견할 수 있는 두 개의 정의를 살펴보자. 버블의 전근대적 정의는 팔그레이브 정치경제학사전(1926)에서 유래한다. 사전은 버블을 "상당한 수준의 투기에 동반되는 건실하지 못한 사업"으로 정의하고 있다. 이것은 기본적으로 버블에 대한 **비이성적 과열**식 정의이다. 이 정의에 의하면 우리는 그것이 터지기 전까지는 시장이 버블을 가지고 있는지의 여부를 알 길이 없다. 상당한 수준의 투기에 수반되는 사업은 실제로 매우 성공적인 것으로 판명될 수도 있다. 그것이 건실하지 않았으며 버블이었다고 결론지을 수 있는 것은 상업적 사업이 제대로 작동하지 않은 후이다. 이 개념은 그린스펀의 그것만큼이나 공허하다.

    어떤 계획이든 성공할 가능성이 있다. 만약 성공하면 그 계획은 뛰어난 과단성이 있었던 것으로 묘사된다. 불확실한 미래에 직면하여 결단력 있는 계획에 따라 행위를 할 수 있는 유일한 방법은 현재의 주어진 상황에서 미래를 예측할 수 있게 해주는 이론을 구하는 것이다. 이러한 이론들은 과거 경험에 기반할 수도 있으나 우리가 관찰하는 새로운 현상에 기반할 수도 있다.

만약 이론이 설득력이 있다면 투기적인 상업적 행위들을 이끌어낼 것이다. 군집행위의 개념으로 돌아가 보면 투기자들은 서로에게가 아니고 이론 주변에 모여들 것이다. 만약 누군가가 설득력 있는 이야기와 혼란스러운 현상들을 정리할 수 있는 사고체계를 보유하여 시장에 진입하면 투기적 자본을 끌어당길 것이다. 예를 들면, 우리는 인터넷 주식이 일종의 도박이라는 것을 알지만, 인터넷이 전체적인 경제구조를 바꿀 만한 신기원적 기술변화라고 주장한 이론들은 인터넷 주식을 뒷받침했다. 일반적으로 조심스러운 정부도 이러한 관점을 밀어붙여 일부 고위 공무원들은 자신들이 인터넷을 개발했다고 주장하기까지 한다.

큰 규모의 기술적 변화는 이것이 미래에 어떤 영향을 미칠지에 대한 큰 불확실성을 동반한다. 우리는 경제체제가 이러한 변화들을 어떻게 흡수할지 알 수 없으며 자연스럽게 상업적 사업에서의 투자는 투기적 경향을 띤다. 이것은 미래에 대한 어쩔 수 없는 도박이다. 만일 신경제에 대한 설득력 있는 이론이 있다면 거기에 베팅해야 하며, 우리가 보유하는 포트폴리오의 일부를 그것에 할당해야 한다. 그렇지 않다면 차기 승자가 될 수 있는 기회를 잃거나 더 나쁘게는 패자가 되어버릴 것이다. 그러므로 우리는 사태가 종료될 때까지는 투기가 건실했는지 혹은 그렇지 않았는지를 알 수가 없다.

킨들버거는 매니아와 버블에 대한 유명한 책에서 버블을 다음과 같이 정의했다. "버블은 꽤 긴 기간에 벌어지는 가격의 상승추세이며 결국 폭발한다." 이것은 자산가격의 패턴에 대한 실증적 진술이다. 버블에 대한 차트 분석가의 견해이며 단순히 특정 가격패턴에 버블이라는 이름을 부여하는 것이다. 이러한 패턴은 데이터에서 관찰할 수 있으며, 따라서 이 정의에 따르면 튤립매니아나 미시시피버블 등의 특정 역사적 에피소드들이 버블이었

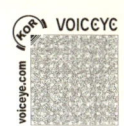

다는 것을 부정할 수 없다. 그러나 이 정의를 가지고는 이러한 패턴들이 비합리성이나 과열을 반영하고 있는지, 선험적인 기초조건에 기반하지 않은 것인지에 대한 필연적인 결론을 이끌어낼 수 없다.

버블들은 어떻게 여론을 호도하는가

버블이라는 개념은 모호하기 때문에 끊임없는 논쟁의 대상이 되었다. 이러한 빈약함을 극복하기 위하여 현재의 시장 현상을 버블을 이용하여 설명하려고 하는 논자들은 비합리성의 폭발이었다고 모두가 인정하는 네덜란드 튤립매니아, 미시시피버블, 남해회사버블 등 역사적으로 가장 유명한 예들을 인용한다. 유추를 통해 현재의 에피소드들에도 비합리성이 있다고 주장하는 것이 훨씬 용이하기 때문이다. 시장상황이 악화되어 있을 때 어떻게 이러한 유명한 버블들이 인용되는지를 알기 위해서 가장 주의 깊은 금융지인 파이낸셜 타임즈의 논설을 참고할 수 있다. 다음은 1998년 12월에 나온 IMF **세계경제전망/자본시장 잠정전망**에 대한 그들의 검토이다.

- "모든 사람들이 같은 방향으로 질주할 때, 금융투기자들이 옆으로 비켜서서 과거 경험들의 교훈을 기억해내기란 쉽지 않다."
- "1636년의 네덜란드 튤립매니아와 그로부터 84년 뒤의 남해회사버블의 이야기들은 올여름 파생상품 거래자들을 오싹하게 했을 것이다; 하지만 1994~1995년의 멕시코 위기가 확실하게 경고음을 냈어야 했다. 10월 경제전망에 대한 이번 수정치에서 IMF는 이러한 배움의

I. 버블에 대한 해석 23

실패에 특별히 주의를 환기시켰다."(파이낸셜 타임즈, "군중의 광기,"
1998년 12월 22일)

이 논설에서 파이낸셜 타임즈는 1998년 10월의 글로벌 금융위기에 대한 역사적 견본으로 네덜란드 튤립매니아를 이용한다. 튤립매니아와 IMF 보고서에 대한 그들의 해석은 얼마나 정확한가? 잠정전망보고서는 금융시장에서 위험통제가 어떻게 작동하는지를 논의한다. 일반적으로 우리가 위험통제를 생각할 때 공황, 과열, 비합리성 등에 의해 사고하지는 않는다. 금융기관들의 올바르고 신중한 행동을 생각한다. 실제로 그것이 잠정보고서의 요지이다. 위험통제의 표준적인 절차는 어떤 교란이 충격을 줬을 때 은행들은 그들의 신용포지션을 조정해야 한다고 주문한다. 모든 위기의 감염을 설명할 수 있게끔 해주는 것은 바로 이러한 신중한 행위이다. 보고서의 요지는 비합리성, 공황, 매니아가 발생했다는 것이 아니다. 오히려 보고서는 어떻게 절차가 진행되었는지에 대한 근원적 설명을 제공하는 금융시장의 상호연결성에 대한 문서이다. 이러한 위험통제 절차는 사실 시장위험과 신용위험을 관리하기 위하여 선진국 규제감독당국이 부과한 것이다.

- "러시아가 채무불이행을 선언한 8월 17일 이후 투자자들이 포지션을 바꾸려고 했을 때 위험을 완화하기 위한 시스템들이 마비되었다. 17세기 튤립 투기자들처럼 비성공적인 포지션을 청산하기 위하여 연속적 안정시장*에 의존했기 때문이다. 모든 사람이 공황상태에 있을 때

---

* 안정시장은 매수가격과 매도가격이 지속적으로 발생하고 거래 간의 가격변동이 상대적으

전산화된 전략들은 시장 혼란을 가중시킬 뿐이다."(파이낸셜 타임즈, "군중의 광기," 1998년 12월 22일)

나는 튤립투기를 연구하기 위하여 수많은 시간을 보냈지만 튤립 투기자들이 연속적 안정시장에 의존했다는 참고문헌은 본 적이 없다. 이것은 파이낸셜 타임즈 논설 작성자가 만들어낸 것일 뿐이다. 튤립버블 에피소드가 어떻게 이용되고 있는지에 대해 이보다 더 극명한 예는 없을 것이다. 튤립버블 에피소드는 자신의 주장을 전달하기 위한 수사학적 장치일 뿐이다. 이제 튤립매니아 이야기는 그것이 얼마나 잘못되었는지에 상관없이 자신의 논지를 만들기 위해 누구나 꾸밀 수 있다고 느끼는 신화적인 수준에 올라 있다.

튤립매니아는 어떠한 이유로 인용될까? 이러한 인용에 기반한 주장은 항상 튤립매니아의 존재가 시장이 미쳤다는 것을 입증한다는 것을 제시한다. 현대의 특정시장에서 발생하는 특이한 교란은 광적인 행동 탓으로 돌려질 수 있고 따라서 시장은 더 심하게 규제될 필요가 있을 것이다. 따라서 이러한 초기 에피소드들은 자본 흐름을 통제하길 원하는 사람들에게는 꿈같은 사건들이다.

유명한 초기의 버블들

역사는 현대 정책의 결과물에 영향을 주기 위해 이용되는 수사학적 무기이

로 작은 시장을 지칭한다.

다. 특히 버블에 대한 호소는 그러한 역사 이용의 한 예이다. 이제 우리는 실제 버블이 민간 자본시장의 움직임에 대해 시사하는 바를 찾아내기 위하여 초기 버블의 역사로 이동한다.

나는 이 책에서 세 가지 유명한 버블인 네덜란드 튤립매니아(1634-1637), 미시시피버블(1719-1720), 그리고 이와 밀접히 연관된 남해회사버블(1720)에 대해 시장 펀더멘털에 기반한 설명을 제공하려고 한다. 비록 몇몇 저자들이 관련증거가 풍부한 미시시피버블과 남해회사버블에 대한 펀더멘털적 설명을 제공했지만 이 에피소드들은 여전히 군중 비합리성의 투기적 폭발로 여겨지고 있다. 이러한 해석은 1719년과 1720년, 파리와 런던에서 구체화된 광적인 투기적 군중에 대한 찰스 맥케이^{Charles Mackay}의 유명한 묘사의 영향이다.

나는 주로 튤립매니아에 집중하려고 하는데 이는 현대의 대부분의 관찰자들이 이것을 명백하게 미친 사건으로 보기 때문이다. 일단 간략하게 튤립매니아가 나타나게 된 역사적 배경을 논의하고 튤립매니아에 대한 전통적인 해석을 검토한다. 그다음 전통적인 해석의 근원들을 추적한다. 튤립시장의 본질을 이해하기 위해서는 튤립의 재생산 사이클이 버블기간에 어떻게 사람들의 행위를 결정했는지 집중적으로 분석해야 한다.

17세기 튤립가격과 시장에 대한 데이터가 너무 한정되어 있어 튤립구근에 대한 공급과 수요의 시장 펀더멘털을 구축하는 것은 거의 불가능하다. 따라서 버블기간과 그 후의 각종 구근에 대한 가격변동을 특징짓고 그 결과를 18세기 새로운 희귀구근의 가격하락패턴과 비교한다. 17세기 튤립투기가 명확하게 투기적 버블의 존재를 나타내는지에 대한 질문을 제기하기 위하여 이 증거들을 이용할 것이다.

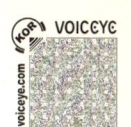

나의 결론은 튤립매니아에서 가장 유명하게 알려진 측면들인 희귀구근의 지나치게 높은 가격과 이후 급격한 가격하락은 구근 시장에서의 통상적인 가격행위를 반영하는 것이고 시장비합리성의 증거로 여길 수 없다는 것이다.

미시시피버블과 남해회사버블은 모든 사람들이 투기적 금융 붕괴의 예로 즐겨 사용하는 다른 두 가지 예이다. 이들은 투기적 버블에 대해 가장 대중적으로 이용되는 용어들이다. 본질적으로 우리가 현재 케인즈주의라 부르는 존 로의 혁신적인 경제이론에 기반하여 두 사건은 금세기까지 찾아보기 힘들었지만 현재는 일반적이 된 금융조작, 통화창조, 정부방임 등을 포함하고 있다. 나는 이러한 에피소드들이 배태된 자산시장과 금융조작의 본질을 묘사하고 시장 펀더멘털의 관점에서 이들을 고찰할 것이다.

II.

튤립매니아 전설

초짜 경제학자들은 초기 훈련기간에 모닥불에 둘러앉아 선배들로부터 네덜란드 튤립투기에 대한 전설을 듣는다. 이렇게 전수된 튤립투기에 대한 전설은 투기시장에 대해 회의적인 자세를 갖게 한다.

본질적으로 아무런 효용도 없는 구근가격이 그렇게 높이 치솟았다가 급격하게 폭락했다는 사실은 자산시장에 구체화되어 있는 불안정성과 비합리성의 명확한 예를 제공하는 것으로 보인다. 1634~1637년간에 발생했던 네덜란드 튤립매니아는 항상 투기 과잉의 가장 적합한 예로 꼽히며 심지어는 투기적 광풍의 동의어로 사용된다.

비본질적인 농업상품인 튤립은 만일 상대가격이 증가했다면 급속하고 제한 없이 재생산되었을 수도 있다. 합리적인 설명 하에서는 시장 펀더멘털 가격이 기록적으로 높은 수준을 획득할 수 없다. 따라서 튤립매니아 현상은 어떤 특정 에피소드에 버블이 발생했는지에 관한 논쟁에서 종종 많은 경제학자들로 하여금 합리적인 혹은 비합리적인 '버블가설'을 받아들이도록 했다.

1. 정치·경제적 배경

네덜란드에 튤립시장이 소개되고 튤립매니아가 발생한 것은 80년간 진행된 스페인에 대항한 네덜란드의 독립전쟁 시기였다.[1] 스페인은 혼인을 통해 저지대*를 점령했다; 과거 부르고뉴의 저지대 국가들로부터 빼앗은 점령지와 스페인은 이러한 혼인방식으로 중부유럽에서 합스부르크가의 영역과 합쳐졌다. 합병된 영토들에 대한 중앙집권화와 행정조직화를 위해 합스부르크왕가는 행성적 개혁을 시도했는데 이는 1567년 네덜란드에서의 반란을 초래했다. 이 전쟁은 스페인이 스페인령 네덜란드(벨기에)를 토대로 하여, 연합지역을 공격하는 형식으로 1609년 12월 휴전이 이뤄질 때까지 계속되었다. 네덜란드를 예속시키려는 스페인의 시도는 좌절되었고 네덜란드의 영역은 강화되었으며 네덜란드는 국제 해운을 통제하게 되었다. 이 시점에 영국과 네덜란드는 연합군을 형성하였고 1588년 영국은 스페인 무적함대를 격파한다.

1618년 유럽에서 30년 전쟁이 발발하는데 전쟁의 한편은 스페인을 포함

---

* 유럽 북해연안의 벨기에, 네덜란드, 룩셈부르크로 구성된 지역을 말한다.

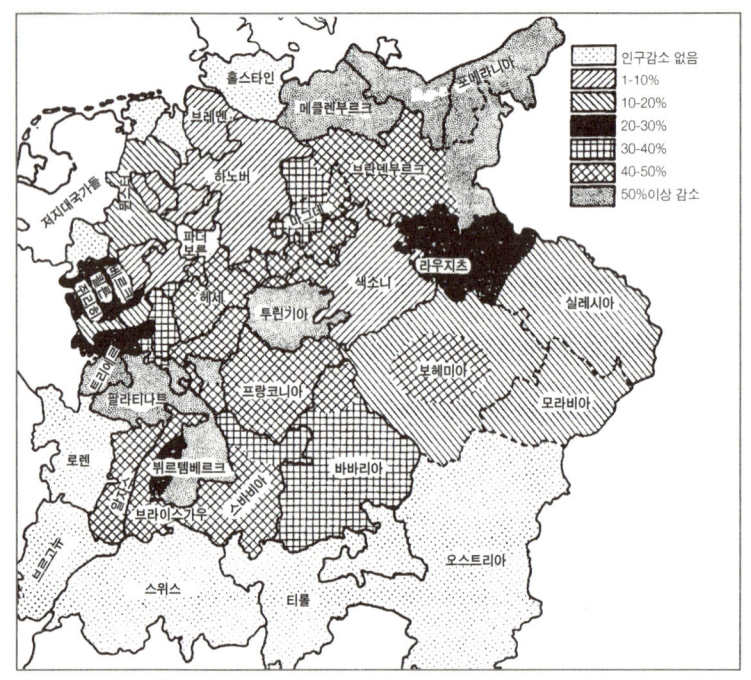

하는 합스부르크왕가와 신성로마제국의 가톨릭세력, 다른 한편은 중부유럽에 있던 각종 신교도들이었다. 30년 전쟁은 특히 중부유럽의 인구와 경제를 파괴했는데, 신성로마제국의 많은 공국들이 인구의 1/3을 잃게 된다. 리치와 윌슨의 책에 실린 지도를 보면 이 시기 네덜란드는 동부에서 인구감소를 겪게 된다.

1621년에 12년 휴전이 끝나게 됨에 따라 스페인과 네덜란드 간의 80년 전쟁은 30년 전쟁과 병행하여 재점화하고 1648년의 평화 시기 도래 직전까지 계속된다. 네덜란드는 인구가 150만 명밖에 안 되는 상황에서 전쟁기간

중 매해 10만 명 규모의 군대를 파병했으며 대규모 선단을 지원했다. 네덜란드는 신교도 측의 전략계획과 재정을 제공했으며, 프랑스는 1620년대와 1630년대에 덴마크와 스웨덴이 신교도 측에 가담하도록 협상하고 재정지원을 하였다.

1620년에서 1645년 사이에 네덜란드는 동인도 및 일본과의 교역에 대한 독점체제를 수립하였고, 브라질 영토의 대부분을 점령했으며, 네덜란드령 카리브제도를 소유하게 되었고, 뉴욕을 건설하였다.

1628년 네덜란드 서인도회사는 카리브해 지역에서의 해군작전을 통하여 스페인이 아메리카의 점령지로부터 획득한 한 해의 금·은 생산물을 빼앗게 되었다. 노획물은 1,150만 길더에서 1,400만 길더 사이의 값어치에 해당하였으며 오늘날의 금 가격으로는 약 9천만 달러에 달한다.[2) 1635년에는 리슐리외의 프랑스와 군사동맹을 체결하여 스페인령 네덜란드의 위치를 위태롭게 했다. 1639년 네덜란드는 1588년 전쟁 당시의 규모와 맞먹는 스페인의 제2차 무적함대를 완파한다. 이 전쟁의 결과로 스페인은 유럽에서의 지배적인 위치를 상실했고, 인구와 자원이 적음에도 불구하고 네덜란드가 국제무역과 국제금융에 대한 완벽한 통제를 통하여 권력의 중심이 되었다. 17세기 국제무역과 국제금융에서 네덜란드의 지위는 19세기 국제무대에서 영국의 지위와 같았다.

물론 이 시기 네덜란드가 승승장구만 했던 것은 아니다. 특히, 1634~1637년에 네덜란드는 몇 번의 좌절을 겪게 된다. 1635~1637년에는 흑사병이 네덜란드를 황폐화시킨다. 1634년 7월 신성로마제국은 노르트링겐의 전투에서 스웨덴군을 완파하여, 1635년 5월 독일의 신교도 공국들에 프라하 평화협정의 체결을 강제하고 스페인의 자원을 네덜란드와의 전쟁에 집중하게 한다.

　네덜란드에서 전쟁에 대한 피곤함이 서서히 번져가는 것에 대응해 1635년 프랑스는 30년 전쟁에서 네덜란드와 동맹을 결성하여 참전을 한다. 초창기 전쟁준비가 잘 되어 있지 않던 프랑스는 처참한 패배들을 맛보게 되는데 1636년 8월 북부 프랑스에 대한 신성로마제국의 침공으로 이러한 난관은 절정을 이룬다. 네덜란드가 1637년 10월 브레다의 스페인 요새들을 점령하고 나서야 전쟁은 네덜란드에 유리하게 전개되었다.

　네덜란드의 정치력 팽창은 네덜란드 경제의 급속한 발전에 기인하였다. 당시 유럽의 다른 지역들이 농촌사회로 구성된 반면 네덜란드는 제조업, 무역, 금융에 기반한 무척 도시화된 사회였다. 네덜란드의 주요 산업은 조선업, 어업, 운송업, 섬유업, 그리고 금융이었다. 17세기에 유럽 상선단이 보유한 대부분의 배들은 네덜란드에 의하여 만들어졌으며 네덜란드 상선단은 유럽전체 해상국가들이 보유한 모든 상선의 수보다 많았다. 네덜란드는 곡물, 귀금속, 일반금속, 소금, 그 외의 대규모 상품의 운송을 지배하였고 중개무역상으로서 주요 상품들에 대한 유럽의 시장으로 기능하였다. 상품시장의 확립과 함께 정교한 금융 메커니즘이 발전하였다. 암스테르담은 장·단기 신용, 그리고 17세기 초기에 구체화된 주식, 상품선물, 옵션거래를 위한 지배적인 시장이 되었다.[3] 또한, 합자회사의 주식에 대한 거래가 그랬듯이 많은 국가들의 국채거래가 암스테르담에 집중되었다. 1602년에 설립된 동인도회사는 점차적으로 동아시아 지역의 교역을 통제하게 되었으며, 대규모의 배당금을 계속적으로 지급하였다. 1622년에 설립된 서인도회사는 서반구에서 막 시작된 대서양 노예무역의 획득을 포함하여 다양한 벤처사업을 추진할 권리를 부여받았다.

　튤립투기 시기에 네덜란드는 꽤 발전되고 혁신적인 금융시장과 대규모의 정교한 투자자들을 가진 고도로 상업화된 나라였다. 네덜란드가 수행한 수없이 많은 위험한 벤처사업들은 성공적이었으며, 이 시대는 네덜란드의 황금기로 여겨졌다.

2. 튤립매니아에 대한 전통적 이미지

튤립투기에 대한 묘사는 항상 투기에서 빈틈없는 네덜란드인들이 어떻게 그렇게 명백한 실수를 범하게 되었는가 하는 의문의 틀 안에서 이루어졌다. 튤립매니아에 대해 현대의 문헌들이 의존하는 자료는 맥케이([1841] 1852)의 튤립매니아에 대한 간략한 묘사다. 터키에서 유래한 튤립은 꽃 애호가들에 의하여 최초에 오스트리아로 전파된 후 16세기 중반에 서유럽지역에 확산되었다. 튤립은 즉각 가장 우아한 정원에 어울리는 아름답고 귀한 꽃으로 부유층에게 받아들여졌다. 시장은 꽃이 아니고 구근거래를 위해 형성되었다. 다른 많은 시장들과 마찬가지로 네덜란드는 튤립시장을 지배하였으며, 새로운 품종개발방법의 발전을 주도하였다. 높은 가격을 받는 구근은 독특하고 아름다운 무늬가 있는 꽃을 피웠다. 일반 튤립은 훨씬 더 낮은 가격에 팔렸다.

1634년에 접어들어 비전문가들이 대규모로 튤립거래에 참여하였다. 맥케이에 따르면 개별 구근의 가격이 엄청난 수준에 도달했다. 예를 들어 셈페르 아우구스투스 Semper Augustus의 단일 구근은 투기의 최고점에 5,500길더에 팔렸는데, 이는 1온스를 300달러로 평가했을 때 3만 3,000달러에 달하는 금의 가치다. 하지만 맥케이는 이 구근가격의 출처와 그것이 관찰된 날짜를 제시하지 않고 있다.

　맥케이는 튤립매니아의 터무니없음을 강조하기 위해 몇 가지 일화를 제시한다. 이에 따르면 어떤 선원은 실수로 이 값진 구근을 먹었고, 아무 생각 없는 한 영국인 여행가는 구근의 껍질을 벗기는 짓을 하기도 했다. 하지만 맥케이는 막돼먹은 선원이 점심으로 먹거나 주제넘은 영국인 실험가가 분해하도록 네덜란드 사업가들이 값비싼 구근을 그냥 내버려 뒀다는 것은 있을 수 없는 일이라는 사실을 그냥 지나쳤다. 그는 또한 희귀구근을 구매하기 위해 당시 지불해야 했던 물품들의 목록을 묘사하여, 구근 구매를 위한 당시의 금전적 지출의 정도가 현대독자들(1841년을 의미)에게 의미 있는 몇 가지 상품들에 비교될 수 있도록 하였다.

　다음으로 맥케이는 투기광풍에 대한 묘사로 옮겨 갔다. 그는 막대한 외국의 자금이 네덜란드로 유입되어 투기에 투입되었고 모든 계층의 사람들이 튤립시장에 참가하기 위하여 서둘러 그들이 보유한 자산을 유동화시켰다고 진술한다. 그러나 이러한 해외자금의 출처와 규모에 대해서는 증거를 제시하지 못한다.

　불가피하게 그 광풍은 끝이 났다. 하룻밤 사이에 희귀구근조차 이전 가격의 10%에도 팔리지 않게 되었고 장기간에 걸친 경제적 고통이 발생했다. 그러나 맥케이는 버블이 끝난 직후의 희귀구근의 거래가격에 대한 증거를 제시하지 못한다. 대신, 붕괴의 규모와 명확히 잘못된 투기정점에서의 가격에 대한 증거로 60년, 130년, 200년 후의 구근 거래가격을 인용한다. 더군다나, 맥케이는 투기가 출현하게 된 당시의 일반적인 경제적 맥락에 대한 설명도 제시하지 못한다.

3. 튤립매니아 전설은 어디에서 유래하는가?

튤립매니아에 대한 현재의 해석에서 그것이 차지하는 전략적 위치를 고려할 때, 맥케이가 투기에 대한 관점을 구축하는 데 이용한 정보의 원천을 조사할 필요가 있다. 글의 한 부분에서 맥케이는 요한 베크만 Johann Beckmann에 대해 가볍게 인용하고 있는데, 실상 조금의 각색도 없이 베크만의 묘사를 표절하고 있다.[4]

앞장에서 언급된 일화 속의 선원과 여행가에 대한 이야기의 실제 출처인 베크만은 영국인에 대한 이야기의 출처로서 블랭빌 Blainville(1743)을 인용한다. 하지만 블랭빌을 주의 깊게 읽어보면 튤립매니아에 대한 단지 한 문장의 기록만을 발견하게 된다. 튤립투기가 1634~1637년에 일어났다는 문구가 그 것인데 이 구절만 없었다면 이는 하를렘 Haarlem에 대한 단순한 여행기로 그쳤을 것이다. 사실 네덜란드에 대한 블랭빌의 여행기는 투기가 발생한 지 70년이 지난 1705년에 이뤄진 여행에 대한 기록이다. 선원에 대한 이야기에 관하여 베크만은 그 사건이 존 발타자르 쉽페 John Balthasar Schppe가 네덜란드에 있었던 기간에 일어났다고 언급하고 있을 뿐 더 이상 어떠한 문헌도 제시하지 않고 있다. 하지만 이야기가 적힌 문장의 맥락으로 보건대 그 일은 튤립투기 이후에 일어난 것으로 보인다. 두 이야기를 엄청나게 극화한 맥케이는 베크만의 설명 외에는 어떤 추가적 연구도 없이, 두 이야기의 출처로 블랭빌을 인용하고 있는 것이다.

베크만은 조심스럽게 튤립구근 시장의 역할과 구근 판매가격에 대한 정보의 원천을 제시하는데, 특히 가상의 인물들인 탐욕스러운 상품^{Gaergoedt}과 진실의 입^{Waermond}(이하에서는 G&W) 간의 대화록과 이 에피소드에 대한 문팅^{Munting}의 논의를 이용하고 있다("Samenspraeck Tusschen Waermondt ende Gaergoedt: Flora," 1637).

G&W는 대화형식으로 되어 있는 세 개의 팸플릿인데, 투기의 마지막 날로부터 수집된 시장상황과 각종 구근가격들에 대한 세부적 사실을 제공한다. 튤립매니아가 끝난 후에 즉각적으로 나타난 수많은 모든 팸플릿들과 마찬가지로 이 팸플릿들도 투기에 대한 당국의 도덕적 공격에 영향을 받아 작성되었다.[5]

문팅은 수많은 꽃들에 대해 천 페이지에 달하는 책을 쓴 식물학자였다. 맥케이는 그의 책 전체가 튤립매니아에 대한 내용이라고 주장하지만, 튤립에 할당된 여섯 페이지만이 그 에피소드를 논하고 있다. 맥케이는 문팅의 텍스트를 전혀 조사하지 않고 문팅에 대한 베크만의 언급을 기록했음에 틀림없다. 문팅의 책에 묘사된 모든 가격데이터는 G&W의 대화에서 발견할 수 있으며, 따라서 G&W가 문팅의 근원출처이기도 했다고 결론지어야만 한다.

튤립매니아에 관한 대중적인 해석은 학술적 작업에 기반을 둔 것인 한 G&W 대화록에서 퍼져 나온 이러저러하게 전해들은 말에서 유래하는 것이다.

좀 더 주의 깊은 연구의 노선이 있었으나, 그러한 연구들은 튤립투기에

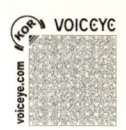

대한 우리의 현재 해석에 거의 영향을 미친 적이 없다.

유럽의 튤립 역사에 대한 솔름스-라우바흐$^{Solms-Laubach}$(1899)의 책은 G&W의 대화를 포함해서 튤립과 관련하여 이용 가능한 문헌들에 대해 광범위하게 묘사하고 있다. 그의 가격데이터는 대부분 G&W에서 유래하지만, 여기에 더해 그는 튤립매니아 기간에 공증인들이 작성한 튤립 계약서에 대한 기록도 연구했다.

반 담$^{Van\ Damme}$은 1899년에서 1903년간에 쓴 일련의 짧은 논문들에서 튤립매니아를 기록하고 있다.[6] 이 시리즈는 재발간된 G&W 대화록, 재발간된 붕괴 전 가격계약서, 튤립매니아 붕괴 직전 구근경매의 세부기록, 투기가 끝난 6년 후의 구근경매의 세부기록들로 구성되어 있다. G&W에 나오는 가격들의 대부분이 또한 초기 경매 리스트에 존재하므로 G&W에 등장하는 가격들이 유효하다는 것을 확신할 수 있다.

포스트휴머스^{Posthumus}(1927, 1929, 1934)는 이러한 문헌들과 관련된 유일한 경제학자이다. 그는 추가적인 공증계약서를 편집하고 재가공하여 이용 가능한 데이터를 늘렸다. 그러나 그의 논의의 대부분은 여전히 G&W 대화록의 가격정보와 반 담이 편집한 정보에 의존하고 있다.

마지막으로 크렐라게^{Krelage}(1942, 1946)는, 그가 보고하는 투기기간의 가격들이 G&W에서 유래하는 것으로 보이긴 하지만, 시장상황에 대해 광범위하게 서술하고 있다. 크렐라게(1946)는 1708년, 1709년의 판매기록과 1739년의 구근목록에 등장하는 튤립가격들을 제공한다.

이에 더하여, 그는 18세기와 19세기의 아주 다양한 히아신스 구근가격의 시계열을 편집했다.

이러한 연구계열조차도 추가적 가격데이터를 수집하는 것 이상으로 나아가지는 못했고, 그러한 데이터조차도 체계적인 시계열로 조직되지는 못했다. 포스트휴머스는 투기의 끝 무렵에 구체화된 선물시장의 역할을 분석하려고 애썼다. 그러나 그의 노력에도 불구하고 구근 시장의 펀더멘털을 구성하는 것이 무엇인가에 대한 진지한 노력은 더 이상 없었으며, 우리가 물려받은 것은 가장 유명한 버블로서의 튤립매니아의 개념이다.

4. 선물시장과 공매도에 대한 지배층의 시각: 팸플릿의 원천

네덜란드의 황금기에 대해 서술한 역사서에서 샤마^{Schama}(1987)는 17세기 네덜란드의 경제발전을 이끈 원동력에 대해 논의한다.[7] 그는 당시의 과두제 권력 내에서 감지되는 "투기"와 안전한 "투자"에 대한 긴장을 중심으로 논의를 전개한다. 지속적인 경제적 번영은 안전한 사업에 의지하는 반면, 경제적 성장은 위험한 신사업을 수행하고자 하는 의지에 의존한다는 것을 알고 있었기 때문에 과두권력과 법원들은 경제활동의 안전한 영역과 위험한 영역 사이에서 균형을 찾고자 했다. 경제·금융활동의 안전한 영역은 해상보험 회의소, 비셀방크^{Wisselbank} 등의 공적기구들이 규제를 하는 활동들, 네덜란드가 실질적으로 독점화한 발틱해를 경유한 상품거래 등이었다. 더 위험하긴 하지만 활발한 경제활동이 이루어진 영역은 동인도회사와 서인도회사의 관할 하에 있었던 원거리 교역이었다. 동인도회사는 굉장한 성공을 거두어 주주들에게 큰 규모의 수익을 벌어주고 있었다. 스페인, 포르투갈과의 군비경쟁 도구로서의 성격이 강했던 서인도회사의 성과는 좋지 못했다.

증권거래소에서 회사주식을 거래하는 것은 아직은 위험한 금융행위였다. 이러한 거래들은 현물거래, 스톡옵션, 선물거래를 포함하였다. 1606년 동인도회사 주식에 대한 활발한 거래가 시작된 후 곧바로 유명한 투기가 아이작 르 메히$^{\text{Isaac Le Maire}}$의 지휘 하에 주식가격에 대한 약세화 공격$^{\text{bear raid}}$으로 수행되었다. 이러한 공격 전술들에는 현재까지도 채택되는 전술인 주식의 공매도와 회사의 상황에 대해 부정적 소문을 퍼뜨리는 행위들이 포함되어 있다.

이러한 행위에 대응하기 위해 주가조작 행위를 금하는 칙령이 1610년 제정되었다. 우리의 논의와 관련하여 가장 중요한 것은 매도자가 현재 소유하고 있지 않은 주식을 거래하는 행위인 "바람거래^{windhadel}"가 금지되었다는 점이다. 미래에 주식을 양도하기 위한 판매는 실제로 그 주식을 소유하고 있는 사람들에게만 허용되었다. 명백하게 그러한 헤징을 위해 이루어지는 선물거래가 아닌 경우에는 거래가 금지되었다. 당국은 이후 계속적으로 선물거래를 부도덕한 도박행위로 여겼으며, 칙령은 1621년 스페인과의 전쟁의 재개, 1630년, 그리고 가장 중요하게는 1636년 튤립매니아의 와중에 반복·확장되었다.

당국은 이렇게 금지시킨 선물거래에 참가한 사람들을 기소하지는 않았다. 단지 그러한 계약들의 법적 집행력을 인정하지 않았다. "프레데릭에 대한 호소"(스타드호우데르$^{\text{the Stadholder}}$)라고 알려진 과정을 통해 선물계약을 구매한 사람들은 법원의 지원을 얻어 계약을 거부할 수 있었다. 따라서 계약이 사적으로 집행력을 가지는 한 국가가 인정하기를 꺼려하는 선물거래와 공매도가 계속될 수 있었다. 계약이행거부는 증권거래소에서 해당거래자를 축출하여 결과적으로 향후 거래를 통해 얻을 수 있는 이익에 심대한 손실을

초래하므로, 구매자가 선물계약에서 발생하는 약간의 손실 때문에 계약이행을 거부할 확률은 적었다. 하지만 만약 손실이 너무 커서 구매자의 부도나 파산을 초래한다면 이 경우 이행을 거부할 가능성이 컸다.

당국이 보기에 튤립투기는 적법한 사업이 순식간에 엽기적인 도박으로 변질되어버리는 명백하게 위험한 금융투기였다. 이러한 행위의 중심점에 있던 선물거래는 칙령에 의해 명백히 금지되었다. 결국 법원은 주로 선술집에서 발생한 이러한 거래들을 인정하지 않았으며 거래는 모두 계약이행이 거부되었다. 사람들이 선술집에서 그러한 집행구속력을 가지지 않는 불안정한 계약에 참가한다는 것은 그러한 게임에 들어가지 않은 사람에게는 불가사의한 일이다.

샤마에 따르면, 튤립투기는 외관상 안전해 보이는 행위가 얼마나 빨리 통제할 수 없는 도박으로 바뀌는가를 보여줌으로써 네덜란드의 통치계층을 두렵게 했다: "그들의 관점에서 볼 때 튤립투기는 돈에 미쳐 날뛰는 것이었으며, 도덕적이고 냉철한 상업행위를 위한 관습과 제도들이 허공에 내팽개쳐진 일종의 무정부주의 상태였다."(p 359)

지배계급은 이러한 행위들을 제어하기 위해 샤마가 다음과 같이 묘사한 선전활동을 실행했다:

> 네덜란드의 법원들은 판결의 공평함을 세부적으로 따지는 것보다 튤립광풍을 빨리 잠재우는 것이 시급하다고 보았다. … 그러나 법원은 투기의 특별한 사악함이 평범한 사람들을 잘못된 방향으로 이끌었으므로, 아둔함에 대항하여 소책자, 설교, 인쇄물의 형태로 설교캠페인을 출범시킬 의무를 느꼈다. 인문주의 지배층에게 튤립매니아는 절제, 검약, 신중, 노력

과 보수 간의 타당한 이유와 상호성 등의 모든 신성한 교리를 위반하는 것
이었다.(pp 361-362)

이러한 캠페인의 목적은 투기적 성향을 안전한 경제활동의 영역으로 전화시키는 것이었다. 당연히 안전한 영역은 지배계층에 의해 통제되는 영역을 의미했다. 이러한 활동의 와중에 출간된 수많은 반투기 팸플릿 중의 하나가 G&W 대화록이다.

5. 선 페스트의 창궐

시장 외적요인으로 1634~1637년에 발생한 하나의 특별한 사건이 투기를 추동했을 수도 있다. 1635년에서 1637년 사이 선 페스트$^{The\ Bubonic\ Plague}$가 발생하여 1636년 한 해에만 암스테르담 거주자 1만 7,193명(당시 인구의 1/7)을 사망케 하는 등 네덜란드를 황폐하게 만들었다. 또한, 1635년에는 레이덴^{Leiden} 인구 중 1만 4,502명(1622년 인구의 33%)이 사망하였다. 그리고 일반품종과 저가품종의 거래가 시작된 시기인 1636년 8월에서 11월 사이 튤립투기의 중심지였던 하를렘^{Haarlem} 인구의 14%가 사망한다.

선 페스트는 1630년 시작된 독일지역에서의 군대이동을 통해 서쪽으로 이동했었다.[8] 또한, 1623~1625년, 1654~1655년, 1663~1664년 세 차례 발생하여 암스테르담 인구의 1/9, 1/8, 1/6이 사망하게 된다.

반 담(1976)은 선 페스트가 1635년 발발하였고 시당국자들은 과감한 보건조치들을 취할 수밖에 없었다고 쓴 코닝$^{C.\ de\ Koning}$을 인용한다:

이것들과 다른 예방책들은 1636년 8월, 9월, 10월, 11월의 시기에 5,723

명의 목숨을 앗아간 선 페스트의 진전을 막을 수 없었다. 사망자가 너무 많아서 묘지가 부족할 지경이었다. 시민들과 주민들의 비참함과 슬픔이 너무 커서 아무리 묘사를 해봤자 이 불행했던 나날들의 엄청난 슬픔을 제대로 담아낼 수 없다. 따라서 우리는 전능하신 신께서 우리를 선조들이 고통 받았던 이 엄청난 고난으로부터 구하신 것에 감사하며 이 이야기를 마치고자 하는 것이다. 우리의 도시를 고통받게 한 이 모든 비참함의 와중에 사람들은 단기간에 부유해지고 싶다는 특별한 열망, 특이한 열기에 사로잡혔다. 이를 이루기 위한 수단이 튤립의 거래에서 발견될 수 있다고 생각되었다. 우리나라 역사에서 잘 알려지고, 우리의 도시에서 잘 발전된 이 거래는 우리의 동료 시민들에게 선조들의 어리석음으로 가르쳐져야 할 것이다.(pp 129-130)

하를렘의 선 페스트에 대한 대목에서 반 담은 "선 페스트가 최악이었을 때에 튤립 선물투기가 정점에 달했다는 것을 추측할 수 있다"고 썼다. 드 브리스$^{De\ Vries}$(1976)는 1635~1636 선 페스트의 발생이 "아마도 사람들 사이에 일종의 숙명론을 유포시킴으로써 가장 광적이었던 열기를 만들어냈을 것"이라고 주장했다.

네덜란드 국민들은 튤립투기와 일치하는 1635년에서 1637년 사이 선 페스트나 스페인의 침공으로 인해 죽을 가능성이 높은 상황에 직면했고 이후 이러한 가능성은 낮아진다. 선 페스트 발생이 잘못된 단서일지도 모르지만, 제정신이 아니었던 광적인 도박이 나중에 우리가 보듯이 죽음의 위험에 대응하여 나타났다는 것은 상상해볼 수 있는 일이다.

6. 변형된 튤립

튤립시장을 이해하기 위해서는 튤립의 속성에 대해 알 필요가 있다. 구근화 초인 튤립은 씨앗이나 모(母)구근에서 형성되는 비늘줄기를 통해 번식한다. 적절히 재배하면 비늘줄기는 직접적으로 또 다른 구근을 재생산할 수 있다. 각각의 구근은 궁극적으로 심고난 후 성장기간 동안에 사라진다. 성장기간의 끝머리에 원래의 구근은 이제 기능구근이 된 복제품인 원천적 비늘줄기와 몇 개의 이차적 비늘줄기에 의해 대체된다. 주요 번식방법인 비늘줄기를 통한 무성생식은 일반적인 구근의 경우 최대 100~150%의 연 증가율로 구근을 증가시킨다.[9]

씨앗에서 직접적으로 생산된 구근의 경우 꽃을 피우기까지 7~12년이 걸린다. 꽃은 4월이나 5월에 피며 약 1주일간 핀다. 이차 비늘줄기들이 꽃을 피우기까지 걸리는 시간은 비늘줄기에서 생성된 구근의 크기에 달려 있다. 하트만(Hartman)과 케스터(Kester)(1983)에 따르면 지름이 5센티미터 이하인 비늘줄기의 경우 꽃을 피우기까지 3년이 걸리며, 5~7센티미터인 경우 2년, 8센티미터 이상인 경우 1년이 걸린다.

6월에 구근을 화단에서 제거할 수 있지만 9월까지는 옮겨 심어야 한다. 특정품종의 인도를 확실히 하기 위해서는 통상 6월인 개화시기 이후에 즉각적으로 현물거래가 이루어져야 한다.

튤립은 모자이크 바이러스에 취약하다. 이 바이러스의 중요한 영향은 '변형'이라 불리는데 튤립 꽃에 눈에 띄는 패턴을 만들어내며 이러한 패턴의 일부는 아름답다고 간주된다. 특정 꽃에 생겨난 패턴은 씨앗에 의해 재생산되지 않는다. 씨앗들은 바이러스에 영향을 받지 않으므로 일반적인 꽃을 피우는 구근만을 생산할 것이다. 이러한 구근들은 궁극적으로 미래의 어떤 시점에 변형을 이루어낼 수도 있겠지만 그다지 뛰어난 패턴을 만들어내지 못할 수도 있다. 특정 패턴은 비늘줄기를 새로운 구근으로 재배함으로써 재생산할 수 있다.

또 다른 효과로 모자이크 바이러스는 구근을 허약하게 만들고 재생산비율을 감소시킨다. 비록 17세기 플로리스트들은 변형이 증식구근의 성숙과정에서 나타나는 정상적인 현상이라고 생각했지만, 변형된 튤립을 병이 든 튤립이라고 보는 이론이 등장하였다. 예를 들면, 몽스테뢸La Chesnee Monstereul(1654)은 변형을 "자체 완벽화"로 파악하는 기존의 이론을 질병이론과 대비시키면서, 변형된 구근은 작은 크기의 구근과 줄기를 가지고 있으며, 세 개 이상의 비늘줄기를 생산할 수 없다고 언급했다.

스미스Smith(1937, 413)는 변형된 구근들이 바이러스에 감염되지 않은 식물들만큼 자유롭게 번식하지는 않지만 약하다고 해서 변형된 구근들이

---

* 역자의 과문이겠지만 모자이크 바이러스의 결과물인 'breaking'에 대한 적절한 번역어를 찾을 수 없어 본 역서에서는 변형이라고 번역하였다. 모자이크 바이러스가 튤립 꽃에 다양한 패턴을 창출하므로 어감의 전달에는 큰 지장이 없으리라 생각한다.

죽는다거나 하는 것은 아니라고 서술했다. 그러한 예로서 그는 1620년 이래 활발하게 경작된 변형된 조머슌^{Zomerschoon}을 거론한다. 반 슬록테렌$^{Van\ Slogteren}$(1960)은 모자이크 바이러스가 식물 전체를 망가뜨리거나 혹은 10~20%에 이르는 번식률 감소를 초래한다고 주장했다.

    튤립매니아 기간에 거래된 거의 모든 구근들은 이제는 완전히 사라졌다. 예를 들면, 왕립 구근 경작자 협회(1969)가 작성한 현재 활발하게 경작되고 있는 수천 종의 튤립에 대한 목록은 튤립투기에서 중요했던 구근들인 어드미럴 리프켄$^{Admirael\ Liefkens}$, 어드미럴 반 데어 아이크$^{Admirael\ van\ der\ Eyck}$, 파라곤 리프켄$^{Paragon\ Liefkens}$, 셈페르 아우구스투스$^{Semper\ Augustus}$, 비스로이^{Viceroy} 등을 역사적으로 중요한 이름으로만 기록한다. 여전히 재배되는 유일한 투기 당시의 구근들은 투기가 정점에 이르렀던 시기를 빼고는 너무 평범한 튤립으로 무시되었던 길레 크루넨$^{Gheele\ Croonen}$과 락크 반 리진$^{Lack\ van\ Rijn}$이었다. 현재는 이 구근들조차 소장가들에 의해서만 재배된다.

    현재 튤립매니아에 대한 해석들이 언급하는 높은 튤립가격은 특이한 아름다움을 가졌던 변형된 구근들에 해당되는 것이다. 단색의 증식구근은 그 것들이 잠재적으로 변형될 수 있는 정도를 제외하고는 크게 평가되지 않았다. 튤립이 유럽에서 경작되기 시작한 최초 두 세기 동안 중요했던 튤립 품종들은 모두 병든 튤립들이었다. 망가진 튤립들은 19세기에 들어서야 유행에서 사라졌다.[10] 변형이 예측 불가능하였으므로 일부에서는 더욱더 기이한 얼룩과 문양을 가진 튤립을 생산하려는 경작자들 사이에서의 튤립매니아를 도박으로 묘사하였다.[11]

    지금은 모자이크 바이러스가 진딧물에 의해 퍼진다는 것이 알려졌지만, 17세기에는 변형을 촉진하는 방법들이 잘 알려지지 않았다. G&W는 변형을 일으키기 위해 변형된 튤립구근의 절반을 변형되지 않은 튤립구근의 반과 접목할 것을 제안했다(반 슬록테렌 1960, 27).

몽스테뢰(1654, 163)은 변형을 가속화하는 기법들이 플로리스트들 사이에서 논쟁거리였다고 적고 있다. 다르덴$^{D'Ardene}$(1760, 198-217)은 책의 한 장을 튤립 변형에 할애하고 있지만 변형을 일으키는 방법에 대해서는 거의 언급을 하지 않고 있다.

7. 튤립구근 시장, 1634~1637

구근 시장은 1634년까지는 전문적인 재배자들만 참가하는 제한적 시장이었으나 1634년 말이 되면 일반 투기꾼들까지 포괄하게 된다. 프랑스에서 일어난 구근에 대한 수요증가가 투기를 이끌었다는 것은 명백하다.

당시 프랑스에서는 여성들이 드레스의 윗부분에 신선한 튤립을 꽂는 것이 유행이었다. 부유한 남성들은 가장 이국적인 꽃들을 신부감으로 생각하는 여성들에게 선물로 주고자 했으며, 따라서 희귀한 꽃들에 대한 수요는 급증하였다. 문팅(1696, 911)은 투기가 횡행하던 시기에 어떤 변형튤립 한 송이가 파리에서 1,000길더에 팔렸다고 주장한다. 놀랍게도 이것은 꽃이라는 소비재의 가격이었으며 구근이라는 자산의 가격이 아니었다.

시장참가자들은 다양한 종류의 거래를 만들어낼 수 있었다. 희귀한 꽃들은 "낱개" 상품이라 불렸으며, 구근들은 무게단위로 팔렸다. 무거운 구근들은 더 많은 파생물(즉, 비늘줄기―역자주)을 산출했으며 따라서 미래의 구근더미를 의미했다. 무게의 단위는 약 20분의 1그램인 '아스^{ass}'였다. 예를 들어, 57아젠^{azen}(아스의 복수형)의 호우다^{Gouda}튤립구근이 특정 가격에 팔리면 판매계약서에는 특정 장소에서 재배된 특정 구근이라는 것이 명시된다. 일반구근 시장이 발전하자 구근들은 1,000아젠이나 1파운드(하를렘에서는 9,728아젠, 암스테르담에서는 1만 240아젠)라는 표준화된 단위로 팔렸다. 파운드 상품에 대한 구매계약은 구근이 특정 구근인지 표시되지 않는다.

9월에서 6월 사이에 구매를 하면 이는 필연적으로 미래시점에 상품을 인도하는 계약이었다. 또한 더 희귀한 구근의 파생에 대한 시장도 구체화되었다. 모구근으로부터 분리되어 새로운 구근으로서의 생존능력을 확실히 하기 위해서는 최소크기를 가져야 하므로, 이러한 파생은 즉각적으로 인도될 수 없었다. 그러므로 파생에 대한 계약도 미래인도를 위한 것이었다.

공식적인 선물시장은 1636년에 발전하였으며 1637년 2월의 붕괴가 발생하기 전 거래의 핵심이었다. 초기 선물거래들은 공중인 앞에 제출되는 서면계약을 통해 이루어졌다. 선물거래는 선 페스트가 정점을 이룬 1636년 여름에 굉장히 활성화되었다. 거래자들은 상단^{college}이라 불리는 그룹을 이루어 수많은 선술집에 모이기 시작하였는데 여기에서는 입찰과 수수료에 대한 방식을 통제하는 몇 가지 규칙들에 의하여 거래들이 규제되었다. 구매자들은 각각의 계약에 대해서 판매자에게 계약금액 1길더 당 2분의 1스튀버^{stuiver}(1스튀버는 20분의 1길더), 최고 3길더까지를 와인머니$^{wine\ money}$로 지급해야 했다. 거래자들이 일정기간 포지션의 균형을 유지하는 한 이러한 지급은 서로 상쇄될 수 있었다. 판매자와 구매자 누구에 대해서도 증거금이 요구되지 않았으므로 개인의 포지션 크기는 제한되지 않았다.

일반적으로 구매자는 결제일에 인도할 현금을 계약 당시 보유하지 않았으며 판매자도 인도할 구근을 보유하지 않았다. 거래당사자들이 결제일에 실제 인도를 의도한 것은 아니다. 계약금액과 결제금액의 차이가 지불되는

것을 기대했을 뿐이다. 따라서 결제 당일의 구근가격에 대해 도박을 하고 있다는 측면에서 보면 튤립시장은 기능면에서 현재의 선물시장과 다를 바가 없었다. 둘 사이의 운용상 차이점은 튤립계약의 경우 시가평가 mark to market 에 의해 연속적으로 조정되지 않았다는 것이다. 즉, 계약이 매일매일의 가격변동에 따라 재조정되지 않았다. 또한, 계약이행을 보증하기 위하여 증거금 예치를 요구하지 않았으며 거래가 거래소가 아닌 개인들의 약속으로 구성되었다. 시장붕괴는 순포지션이 아닌 총포지션의 해결을 요구할 것이었다.

튤립매니아에 대한 모든 논의들은 상품을 보유하고 있지도 않고 확실히 인도를 할 의도도 없이 미래시점의 인도를 약속하는 선물거래를 한 당시의 행위를 공공연하게 비판한다. 이러한 비판들은 선물시장을 (시장에 필연적이지 않은) 인위적 위험을 창출하는 도구라고 공격하며 그것이 (실제 시장에 존재하는) 위험을 거래하는 데 있어서의 역할을 고려하지 않는다.

실제 어떤 날짜가 선술집 상단 계약에서 결제일로 지정되었는지는 분명하지 않다. 구근을 파내기 위해서는 6월까지 기다려야 했기 때문에 시장붕괴 이전인 1636~1637년에 선물시장에서 체결된 거래에 대해서는 구근들이 실제 인도되지 않았다. 또한 결제가격이 어떻게 결정되었는지도 분명치 않다.

베크만(1846, 29)은 결제가격이 아마도 주어진 계약의 만료 시에 대부분의 거래가 행해졌던 가격에 의해 결정되었을 것이라고 썼다. 이것 역시 현재의 선물시장에서 일반적으로 이루어지는 행위이다.

정기적으로 희귀품종을 거래하던 전문적이고 부유한 튤립 애호가들은 새로운 투기시장에 참가하지 않았다. 심지어 투기가 붕괴된 이후에도 이들은 계속적으로 희귀구근을 대규모로 거래했다.[12] 희귀구근이 선물시장에서 거래되었다는 것은 누구도 현물시장과 선물시장에서 차익거래를 하지 않았다는 것을 의미한다. 현물구근 시장에서 매수포지션을 취하는 것은 상당한 자본량과 신용시장에 대한 이용가능성을 필요로 하였다. 선물시장에서의 공매도를 이용하여 이 포지션에 대비하기 위해서는 미래의 구매자가 상당한 자본을 가지고 있거나 건실한 신용이용 가능성이 있어야 했다. 하지만 선물시장에서 계약불이행의 위험이 상당히 컸으므로 헤징을 통한 위험대비 가능성은 약화되었을 것이다. 선물시장 참가자들에 대한 자본요구가 없었으므로 결국 차익거래를 위한 토대는 존재하지 않았다.

튤립투기 대부분의 시기에 높은 가격과 거래기록은 희귀구근에 대해서만 발생했다. 보통의 일반구근은 1636년 11월까지 투기과정에 나타나지 않았다.

포스트휴머스(1929, 444)는 튤립매니아의 진행순서와 관련하여 다음과 같은 가설을 제시한다.

> 내 생각에 사건의 순서들은 다음과 같다. 1634년 말에 새롭게 등장한 비전문적 구매자들이 행동에 나섰다. 1635년 중엽까지 가격이 급격히 상승했는데, 사람들은 신용으로 구매할 수 있었으며, 일반적으로 해당가치의 품목으로 즉시 인도하였다. 동시에 아스단위의 판매가 도입되었다. 1636년 중반경 상단들이 등장했다. 그리고 곧바로 현재 가지고 있지 않은 구근들을 거래하기 시작했다. 같은 해의 11월에는 이러한 거래가 일반품종에까지 확대되었으며, 구근들은 파운드와 1,000아젠 단위로 팔렸다.

8. 데이터의 특성

대부분의 획득 가능한 가격데이터는 상당히 모호하다. 부도제약이 작동하지 않는 상단에서 결정된 가격을 상당히 구속력이 있는 거래가격들에서 분리할 수가 없다.

더군다나 1636년 9월 이후의 모든 거래가 선물인도를 위한 것이 틀림없음에도 불구하고 현물거래와 선물거래를 구분할 수가 없다. 이 범주들을 분리하는 자연스러운 방법은 샘플을 "낱개"상품과 "파운드"상품으로 구분하는 것이다. 포스트휴머스는 낱개상품을 거래하는 사람들과 파운드상품을 거래하는 사람들 사이에는, 심지어 상단에도, 계급적 차이가 있었다고 주장한다. 중산계급이나 방직공같이 부유한 노동계급은 파운드상품을 경멸하고 희귀구근만 거래하였다.

차트1부터 차트16은 다양한 구근에 대해 내가 재구축할 수 있었던 길더/아스 혹은 길더/구근의 시계열들을 묘사한다. 이 차트들은 경매, 공중거래, G&W 대화록에서 수집한 데이터로 구성된다.

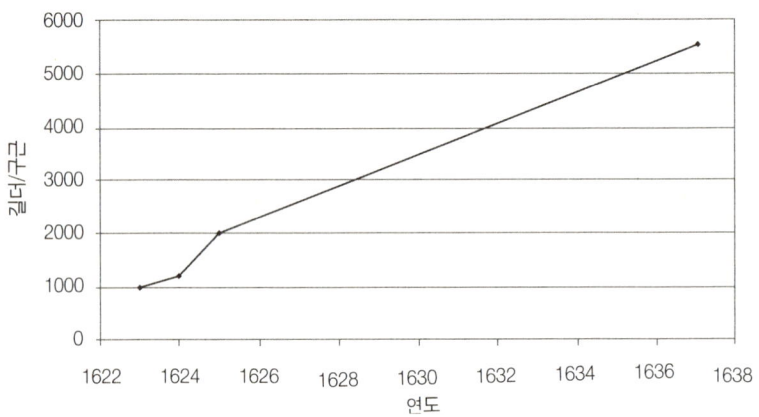

차트1
셈페르 아우구스투스

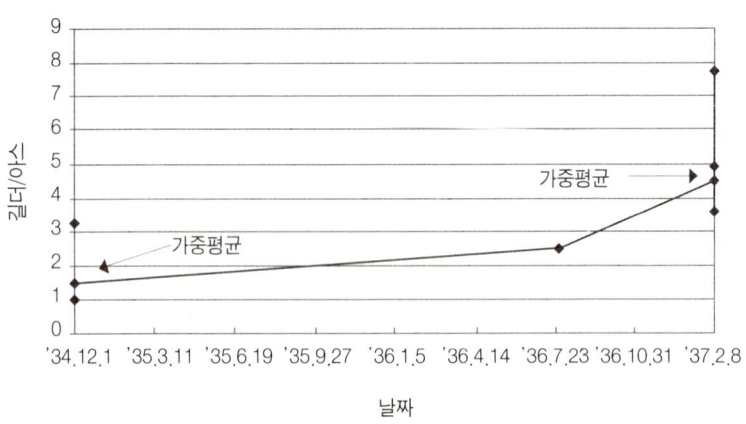

차트2
어드미럴 반 데어 아이크

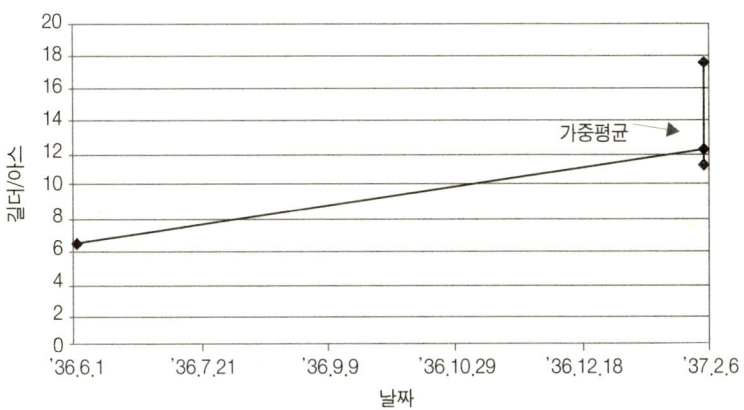

차트3
어드미럴 리프켄

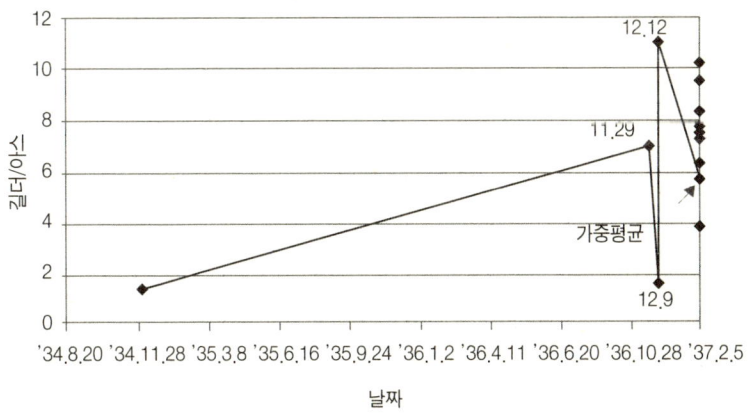

차트4
성숙한 호우다 구근

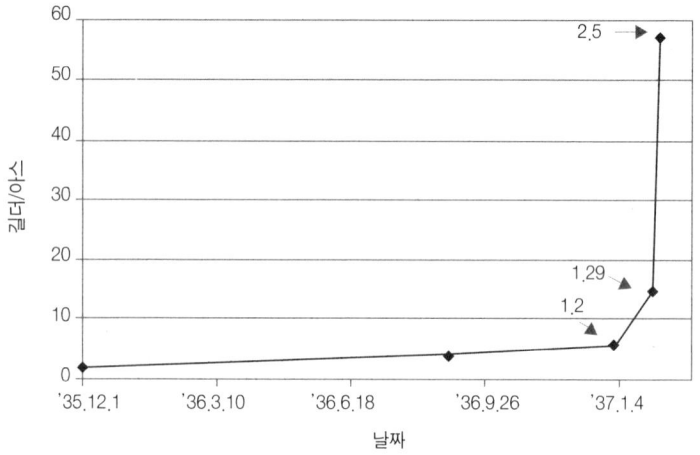

차트5
하우다 비늘줄기

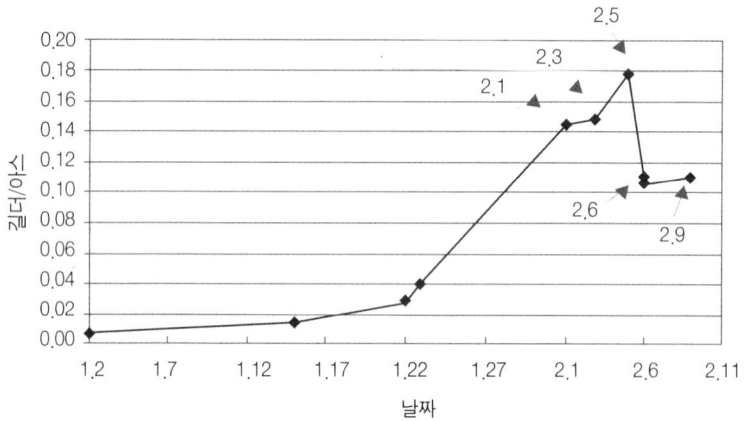

차트6
스위저

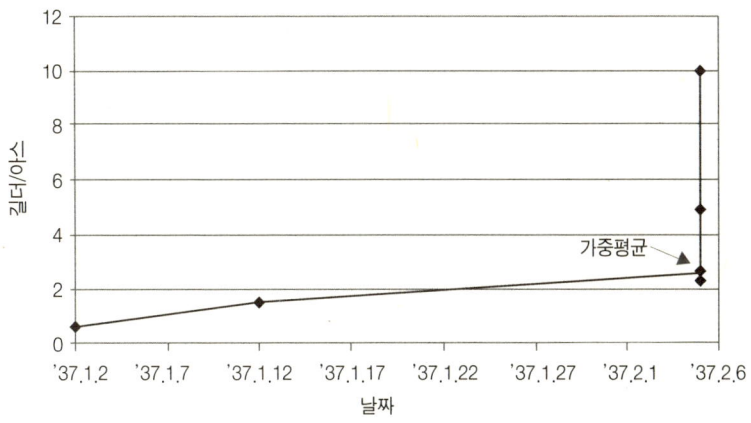

차트7
스키피오

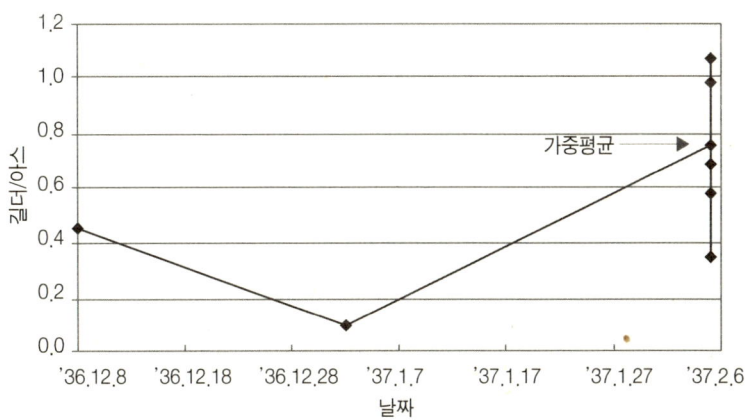

차트8
길레 엔데 루테 반 레이덴

8. 데이터의 특성 63

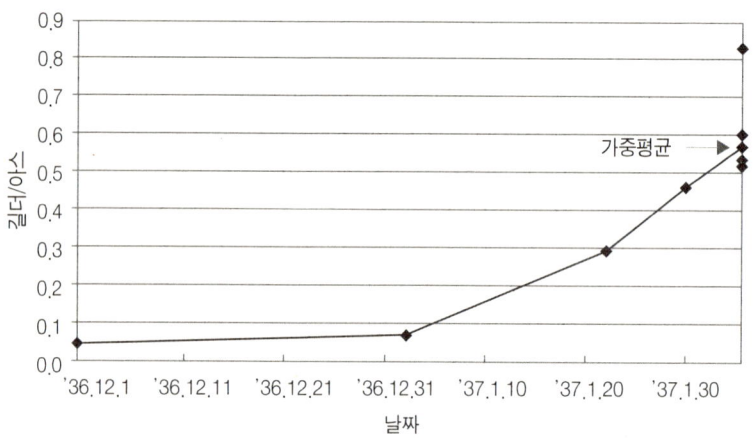

차트9
오우데나르덴

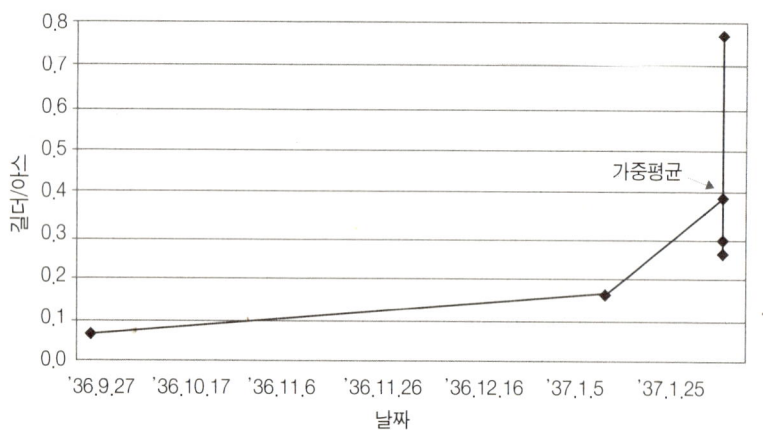

차트10
그루테 게프루미시어드

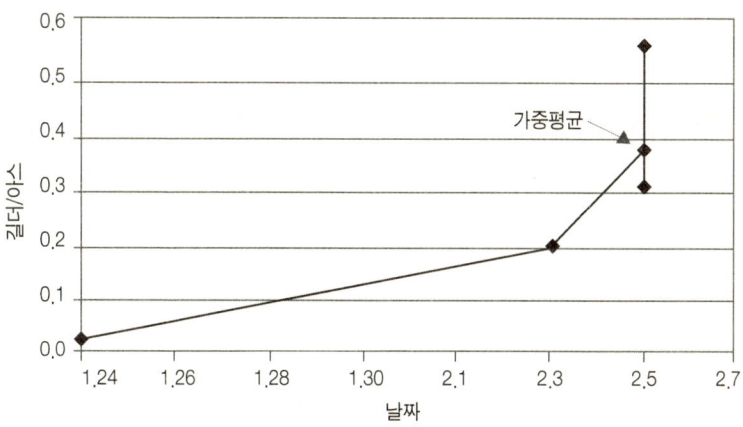

차트11
막스

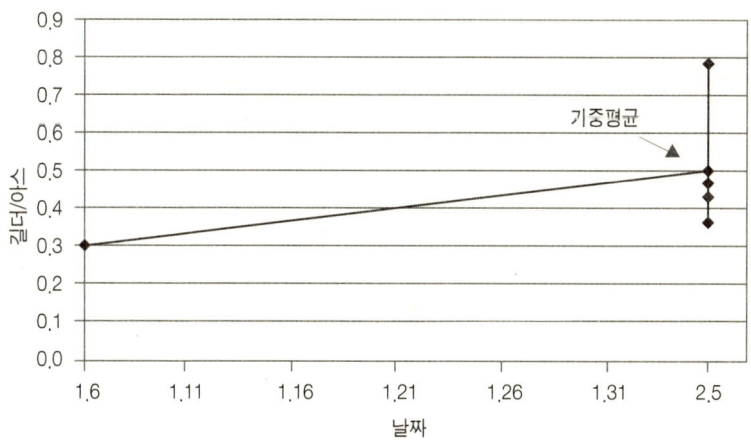

차트12
뉴베르거

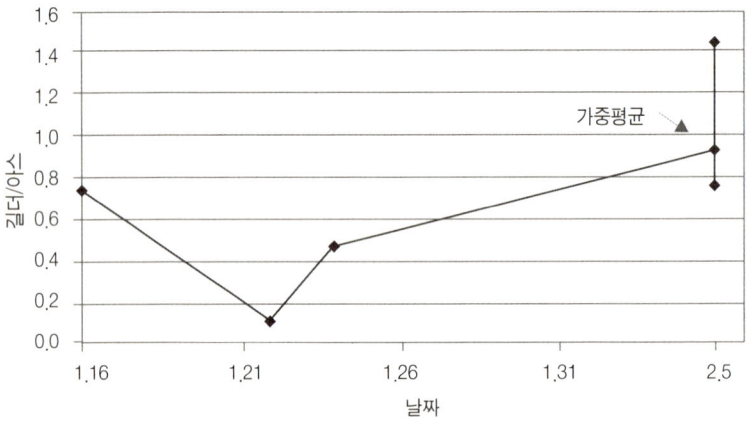

차트13
르 그란드

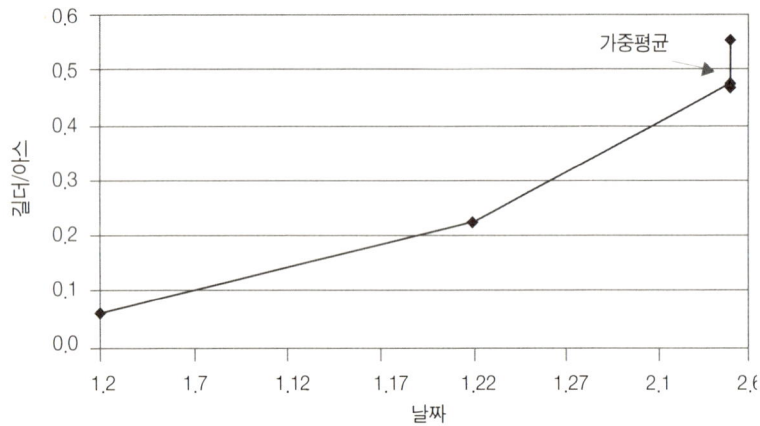

차트14
쿠레나르트

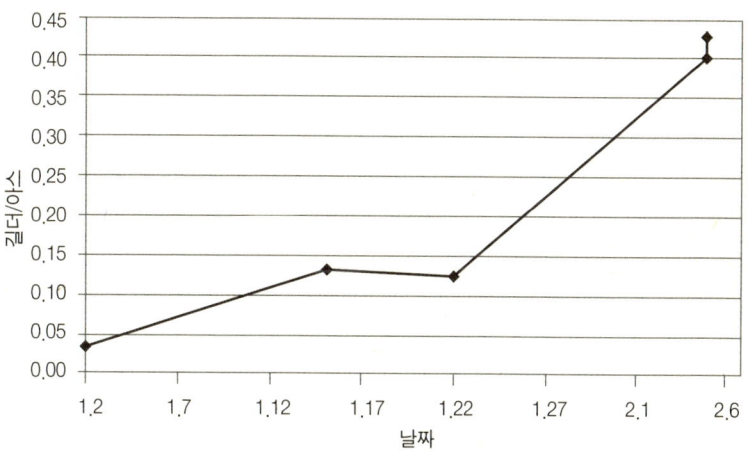

차트15
센텐

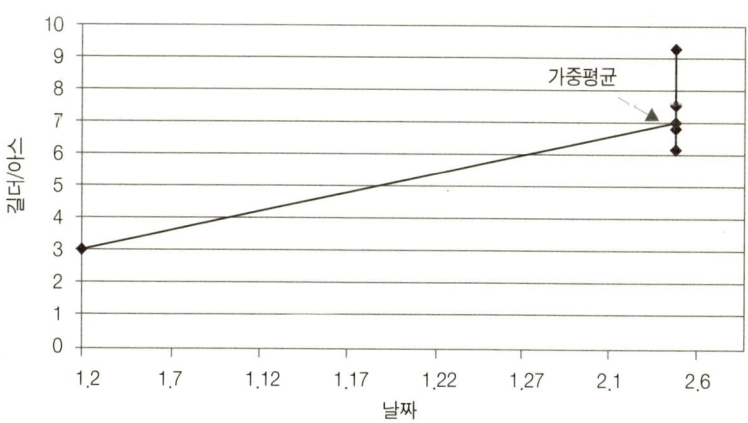

차트16
비세로이

8. 데이터의 특성

오우데나르덴^{Oudenaerden}, 스키피오^{Scipio}, 뉴베르거^{Nieuwberger}, 막스^{Macx}, 그루테 게프루미시어드$^{Groote\ Geplumiceerde}$, 쿠레나르트^{Coorenaerts}, 센텐^{Centen}, 비테 크루넨$^{Witte\ Croonen}$, 길레 엔데 루테 반 레이덴$^{Gheele\ ende\ Roote\ van\ Leyden}$, 스위저^{Switsers}에 대한 데이터는 파운드상품의 표준화된 무게인 길더/아스로 표시되었다. 셈페르 아우구스투스, 어드미럴 반 데어 아이크, 어드미럴 리프켄, 비스로이, 호우다에 대한 데이터는 1아젠에서 수백 아젠까지 다양한 무게를 가지는 개별 구근에 대한 것이다. 차트4는 성숙한 호우다 구근의 가격을 나타낸다. 차트5는 1아스에서 7아스에 이르는 매우 낮은 무게의 호우다 가격인데 비늘줄기 가격으로 해석된다.

　스위저를 제외하고는 각 시계열의 마지막 관찰치는 열풍의 정점이었던 1637년 2월 5일에 기록되었다. 이 날짜에 각각의 꽃들에 대해 다수의 가격관찰치가 존재하나 그들 간의 순서는 어떤 의미도 없다. 차트들을 보면 2월 5일에 가격이 무한대로 폭발하지는 않았음을 알 수 있다. 2월 5일에 대해서는 가격들의 가중평균을 이용하여 이전의 가격선과 연결하였다. 낱개상품에 포함할 수 있는 구근들은 어드미럴 리프켄, 어드미럴 반 데어 아이크, 호우다, 셈페르 아우구스투스, 비세로이다. 이들 가운데 호우다가 투기의 출발시점에서 시작하는 가장 긴 시계열이므로 기준으로 간주할 수 있다. 1,000아젠이나 파운드 단위로 거래되는 파운드상품에 포함시킬 수 있는 것은 센텐, 쿠레나르트, 길레 엔데 루테 반 레이덴, 그루테 게프루미시어드, 르 그란드$^{Le\ Grand}$, 막스, 뉴베르거, 오우데나르덴, 스위저, 비테 크루넨이다.[13] 다른 구근들은 특이한 무게와 표준적인 무게로 나타나는 다양한 거래들에 존재하므로 분류하기가 더 힘들다.

　일반적으로 파운드상품들은 낱개상품들에 비해 아스당 훨씬 낮은 가격

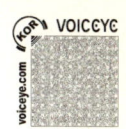

에 팔렸다. 그러나 하를렘에서 선 페스트가 발생한 시점이던 투기의 마지막 몇 달 동안에 파운드상품들의 가격은 낱개상품들보다 훨씬 빠르게 증가하였다. 쿠레나르트, 길레 엔데 루테 반 레이덴, 르 그란데, 막스, 오우데나르덴, 스위저, 비테 크루넨의 가격은 한 달 새에 20배나 상승했다. 이보다 긴 기간에 낱개상품들의 가격은 두 배나 세 배가 되었을 뿐이다.

상대적으로 낮은 희귀구근의 가격 움직임에 대한 예외는 차트5에서 보이는 호우다 비늘줄기들의 가격이다. 확실히 비늘줄기들은 일반품종과 같은 종류의 투기대상이었다. 매우 높은 가격상승이 투기의 마지막 날인 2월 5일에 4아스짜리 구근에 대한 아스당 56길더라는 단일 관찰치에서 관찰된다. 1월 29일경까지 호우다 비늘줄기들의 가격은 성숙한 구근의 가격과 거의 비슷하였다. 비늘줄기의 경우 1월 29일에 아스당 14길더, 1월 2일에는 5길더였으며, 성숙한 구근의 경우 12월 12일에 아스당 10.8길더, 2월 5일에는 아스당 3.6-10길더였다. 호우다 비늘줄기 가격의 4배 상승은 투기의 마지막 주 혹은 투기의 마지막 2주간 일어났던 일반구근들(예를 들어, 스위저, 센텐, 막스 등)의 가격상승 크기와 거의 비슷하다.

9. 붕괴 이후의 튤립가격

튤립투기는 1637년 2월 첫째 주 이후 붕괴하였으나 이 시기에 대한 설명은 많지 않다. 만기가 돌아오는 계약들에서 대금결제의 불이행이 발생했다. 즉, 계약이행의 연장이 이루어지지 않았다.

1637년 2월 24일 암스테르담에 모인 화훼업자들은 1636년 11월 30일 혹은 그 이전에 계약된 튤립판매를 실행할 것을 제안했다. 그 이후에 이루어진 계약의 경우에는 구매자가 판매자에게 **판매가의 10%**를 지불함으로써 거래를 거절할 수 있는 권리가 부여되도록 했다. 이 제안이 바로 구근들은 최정점 가격의 10%에도 팔리지 않았다고 주장하는 맥케이의 정보 원천일 수도 있다. 정책당국은 이 제안을 채택하지 않았다.

1637년 4월 27일에 네덜란드 주정부들은 모든 계약을 유예하기로 결정하면서 유예기간 동안에 계약된 구근들을 시장가격에 판매할 수 있는 권리를 구근판매자들에게 부여하였다. 계약상의 구매자는 이 시장가격과 계약완료를 위해 당국이 종국적으로 결정하는 가격 간의 차이에 대해 책임을 져야 했다. 이 결정으로 6월에 재배될 구근들을 시장에 내놓아야 하는 재배자들은 안도하게 되었다.

하지만 계약의 처분은 그 이상 분명치 않게 되었다. 포스트휴머스(1929, 446-447)는 많은 도시들이 하를렘에서 행해진 예를 따랐다고 기술하고 있다. 하를렘 시의회는 1638년 5월에 구매자들이 계약가격의 3.5%를 지불하고 계약을 종료시키는 것을 허락한 규제안을 통과시켰다.

심지어 선물계약의 붕괴 이전 법적 상태도 불분명했다. 동인도회사주식에 대한 초기의 가격조작과 약세화 공격으로 인해 1610년 암스테르담 증권거래소는 공매도를 법적으로 금지시켰다. 이러한 금지가 새로운 튤립 선물시장의 거래자들에게도 적용되는지가 불분명하였다. 궁극적으로 법원은 튤립에 대한 어떤 계약도 인정하지 않았으며 국지적인 해결책이 모색되었다. 1637년 2월 이후 대규모의 구근거래가 종료됨에 따라 거래가격의 기록들도 사실상 사라져버렸다. 가격은 더 이상 공개적으로 기록되지 않았으며, 간헐적으로 발생한 주요 플로리스트의 부동산 경매만이 가격의 규모를 드러낸다. 1634년 이전의 가격들은 기록된 판매계약을 통해 아주 소수만이 획득 가능하다. 예를 들면 그의 계약번호 3과 4에서 포스트휴머스(1929)가 제시한 1612년부터의 한 쌍의 구근들, 그리고 포스트휴머스(1934)가 보고한 세 구근의 1625년 가격과 1633년 한 쌍의 구근가격 등이다. 심지어 차트1의 셈페르 아우구스투스에 대한 시계열은 솔름스-라우바흐(1899, 77)가 1620년대의 역사적인 바세나르^{Wassenaer}의 연대기에서 인용한 증거가 없는 이야기들에 근거하고 있다. 다행히도 반 담(1976, 109-113)은 붕괴 이후 행해진 1643년 부동산 경매에서의 가격들을 보고하고 있다. 구근딜러 반 담$^{J. \, van \, Damme}$(위의 반 담과는 다른 인물)의 부동산 경매에서 구근판매에 대해 4만 2,013플로린까지 가격이 올려졌다. 이 가격은 우리가 대부분의 튤립매니아

정점가격 데이터를 획득한 시점인 1637년 2월 부동산경매로부터 도출된 6만 8,553플로린과 비교할 만한 구근가치를 나타낸다.

이 총 가격은 개별 구근가격으로 분해할 수 없다. 하지만 부동산에서 부분적인 관심을 가졌던 소수의 구근들에 대해서는 판매가격이 기록되어 있다(반 담 1976, 111). 그 가격들은 다음과 같다:

1 튤파 미어만 Tulpa Meerman	430플로린
1 브라우게 브란슨 Vrouge Brantson	25플로린
1 제네랄 로트간 General Rotgans	138플로린
1 베아스프레이지트 Verspreijt	582플로린
1 브로게 브란슨	
1/4 잉글리쉬 어드미럴 English Admiral	

더 나아가, 부동산계좌의 결제청산에 대한 세부기록은 1642년에 구매된 구근들에 대한 1643년의 현금지출의 항목들을 포함한다. 이 가격들은 다음과 같다:

1/2 파운드 비테 크루넨	37플로린 10스튀버
1 어드미럴 반 데어 아이크	225플로린
1 잉글리쉬 어드미럴 아웃그로쓰 English Admiral Outgrowth	
1 잉글리쉬 어드미럴	210플로린

개별 구근들은 붕괴 6년 이후에도 여전히 높은 가격을 받을 수 있었다.

표 9.1
붕괴이후 구근가격(길더)

구근	1637년 1월	1637년 2월 5일	1642 혹은 1643년	연간 하락률[1] (%)
1.비테 크루넨 (1/2파운드)	64	1,668 (평균)	37.5	76
2.잉글리쉬 어드미럴 (구근)		700 (25아스 구근)	210	24
3. 어드미럴 반 데어 아이크 (구근)		1,345 (가중평균)	220	36
4. 제네랄 로트간 (로트간센)		805 (1,000아젠)	138	35

1) 1637년 2월 정점가격으로부터의 하락

개별적으로 가격이 기록되어 있는 비테 크루넨, 잉글리쉬 어드미럴, 어드미럴 반 데어 아이크, 제네랄 로트간 등 네 개의 구근은 1636~1637년에 거래된 구근들 목록에도 나타난다. 비테 크루넨은 파운드상품이며 다른 상품들은 낱개상품이다. 표 9.1은 1636년, 1637년, 그리고 1642년 혹은 1643년 가격들을 보여준다.

1637년 2월의 정점으로부터 6년이라는 시간의 경과 속에서 희귀구근들인 잉글리쉬 어드미럴, 어드미럴 반 데어 아이크, 제네랄 로트간의 가격하락은 그리 빠르지가 않다. 우리는 아래에서 이들 가격의 하락이 희귀품종들의 전형적인 하락패턴과 비슷하다는 것을 보여줄 것이다.

10. 18세기 및 이후 시기의 구근가격

18세기 튤립가격

비록 시장붕괴 직후 시기에서 몇 개의 가격들을 획득할 수는 있지만 세부적인 튤립가격 데이터에는 약 70년의 간극이 있다. 가격데이터는 사라졌지만 적어도 투기에서 중요했던 중요한 이름들은 붕괴 32년 후에도 존재하고 있었다. 반 데어 그로엔 $^{Van\ der\ Groen}$(1669)은 유행의 첨단을 걷는 정원이 보유해야 하는 중요한 튤립들을 언급하고 있다. 그 가운데, 브로게 블레연베르거 $^{Vroege\ Bleyenberger}$, 파라곤 그레버 $^{Parragon\ Grebber}$, 길레 엔데 루테 반 레이덴, 어드미럴 드 엔츄이센 $^{Admirael\ de\ Enchuysen}$, 브라반슨 ^{Brabanson}, 세네쿠어스 ^{Senecours}, 어드미럴 드 만 $^{Admirael\ de\ Man}$, 쿠레나르트, 얀 게리츠 $^{Jan\ Gerritz}$, 호우다, 세이블롬 ^{Saeyblom}, 스위저, 파라곤 리프켄, 셈페르 아우구스투스 등이 있다.

높은 튤립가격은 훨씬 더 나중 시기에만 획득 가능한데 이것들은 투기 동안 매겨진 가격들보다 규모가 작다. 반 담(1976)은 하를렘서 쿠란트

표 10.1
1637, 1722, 1739년 가격목록에 있는 튤립구근들의 길더가격

구근	1637년 1월 2일	1637년 2월 5일	1722년	1739년
1. 어드미럴 드 만	18	209		0.1
2. 길레 크루넨	0.41	20.5		0.025*
3. 비테 크루넨	2.2	57		0.02*
4. 길레 엔데 루테 반 레이덴	17.5	136.5	0.1	0.2
5. 스위저	1	30	0.05	
6. 셈페르 아우구스투스	2,000	6,290		0.1
7. 조머		480	0.15	0.15
8. 어드미럴 드 엔츄이센		4,900	0.2	
9. 파마Fama		776	0.03*	
10. 어드미럴 반 후른Admirael van Hoorn		65.5	0.1	
11. 어드미럴 리프켄		2,968	0.2	

주: 이 표를 만들기 위해 저자는 표준적인 구근 크기가 175아젠이라고 가정하였다. 구근단위의 판매는 표준무게로 이루어졌다고 가정하며, 가격은 보고된 가격에서 비례적으로 조정하였다. 어떤 날짜에 복수의 구근가격이 주어지는 경우, 조정가격의 평균값을 제시하였다.
* 100구근 단위로 팔린 경우

Haarlemscher Courant와 같은 17세기 후반기의 정기간행물에 있는 구근판매와 경매에 대한 광고를 자신의 책에 재게재하고 있지만 이러한 경매로부터 발생한 가격에 대한 기록은 없다.

표 10.1은 1637년 1월, 1637년 2월 5일, 1722년, 1739년의 구근가격을 제시한다.

이러한 가격들은 여러 자료로부터 뽑아냈다. 크렐라게(1946)는 헤이그에서 1707년 5월 17일에 있었던 경매(542), 그리고 로테르담에서 1708년 5월 16일에 있었던 경매(541)로부터 입수한 튤립 리스트를 재생산했다. 이 자료에는 참가자들이 마지막 판매가격에 대한 주석을 달아 놓았다. 1701년 경매 리

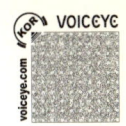

스트는 84종의 구근들의 이름을 담고 있고 1708년의 리스트에는 열두 개의 구근들 이름이 있음에도 불구하고 1637년에 일반적으로 거래되던 수많은 구근들의 이름은 보이지 않는다. 크렐라게는 1708년 가격목록의 첫 페이지만 재생산하였다. 완전한 목록은 크렐라게 도서관의 해체와 함께 영국인 구매자에게 팔렸으며 저자는 그것을 확인할 수 없었다.

브래들리^{Bradley}(1728)는 하를렘 화훼업자의 1722년 구근 카탈로그를 재생산했다. 이 카탈로그에 있는 수많은 구근들의 대부분은 1길더 이하의 가격으로 제공되고 있으며 오직 하나 슈퍼인텐던트 로만$^{Superintendent\ Roman}$만이 100길더에 팔렸다. 하지만 이 목록은 1637년 튤립투기기간에 나타났던 25개의 구근들에 대한 가격을 포함하고 있다.

크렐라게(1946)는 또한 히아신스와 튤립구근에 대한 1739년 하를렘 가격 카탈로그를 재생산했다. 이 목록의 수많은 구근들 가운데 단지 여섯 개만이 1637년에 거래된 구근들이다. 흥미롭게도 그 목록은 0.1길더에 셈페르 아우구스투스를 제공한다.

투기정점 전인 1637년 1월에서 출발해도 가격하락은 괄목할 만하다. 가격은 1세기에 걸쳐 1637년 1월 가격의 1%, 0.5%, 0.1%, 0.005% 수준으로 떨어졌다. 그리고 최초 구근가격이 어떠했든 모든 개별 구근의 가격들이 공통가치로 수렴하는 것도 눈에 띄는 현상이다. 표 10.2는 1707년 경매에 공통적인 구근들과 1722년 혹은 1739년 가격목록에 있는 구근가격들을 포함하고 있다.

이 시기는 튤립투기나 붕괴로 알려진 시기는 아니지만 가격들은 당시와 동일한 하락패턴을 보여준다. 경매목록에 있는 구근들은 비교적 높은 가격이 책정되었으며 최근에 개발된 희귀구근들이다. 1739년 목록의 어떠한 구

표 10.2
1707, 1722, 1739년 튤립구근들의 길더가격

구근	1707	1722	1739	연간 하락률(%) 1707-22	연간 하락률(%) 1722-39
1. 트리옴페 듀롭Triomphe d'Europe	6.75	0.3	0.2		
2. 프리미어 노블	409		1.0	19*	
3. 아이글 노아	110	0.75	0.3	33	
4. 로이 드 플로이어	251	10.0	0.1	22	27
5. 디아만트Diamant	71	2.5	2.0	22	
6. 슈퍼인텐던트		100	0.12		40
7. 카이저 카젤 4세Keyzer Kazel de VI		40	0.5		26
8. 구드 존 보트로프Goude Zon, bontlof		15	10.0		2
9. 호이 드 무히탠느Roy de Mouritaine		15	2.0		12
10. 트리옴페 로얄 Triomphe Royal		10	1.0		14

자료: 크렐라게(1946)와 브래들리(1728)
* 1707-1739

근가격도 8길더를 넘지 않으며 대부분은 그보다 훨씬 낮다. 희귀하고 값진 구근들은 일반적인 딜러들의 목록에는 나타나지 않을 것이다. 반면 경매는 보통의 일반적이고 값싼 구근들에는 신경 쓰지 않았을 것이다. 1637년의 희귀구근들은 1707년에는 일반구근이 되어버렸을 것이며 따라서 그들의 이름이 경매목록에 나타나지 않는 것은 놀라운 일이 아니다. 그들이 일반 카탈로그에 나타날 무렵에는 충분히 널리 퍼져서 일반화되었을 것이다. 이들의 가격은 32년간 원래 가격의 3%, 0.25%, 0.35%, 0.04%까지 하락하였으며 이는 튤립매니아 당시의 구근가격 하락패턴을 반복하고 있다. 실제 1707년의 값비싼 구근들의 가격은 1637년의 값비싼 구근들의 가격으로 근사적으로 수렴한다.

우리는 지금 새롭게 개발되어 유행의 첨단이 된 튤립구근들의 가격진화

과정의 패턴을 보고 있다. 유일무이하고 공급이 적은 새로운 구근에는 높은 가격이 책정된다. 시간이 흐르면서 이 구근들이 재생산되거나 새로운 품종의 도입이 증가함에 따라 가격이 급격하게 하락한다. 희귀구근을 획득한 사람은 적어도 18세기에는 이러한 일반적으로 예측되는 자본가치하락의 패턴을 이해했을 것이다. 이러한 양상을 튤립투기 붕괴 후 시기에 적용하기 위하여 적어도 100길더 이상으로 팔린 모든 18세기 구근들을 희귀품종으로 취급한다(프리미어 노블$^{Premier\ Noble}$, 아이글 노아$^{Aigle\ Noir}$, 로이 드 플로이어$^{Roi\ de\ Fleurs}$, 슈퍼인텐던트). 예를 들면, 로이 드 플로이어는 1707년 251플로린에 팔렸으므로 희귀종으로 분류될 것이다. 1722년 그것의 가격은 10플로린이었으며 더 이상 희귀종으로 간주되지 않는다. 가격은 1707년에서 1722년 사이에 96%가 하락했으며 연평균 감소율은 21.5%였다. 전체평균을 산출하기 위하여 비슷하게 계산된 다른 구근들의 가격하락율과 이 21.5% 연간 감소를 평균화하였다.

　전체평균을 계산해 보았을 때 이 구근들의 가격들은 연평균 28.5%로 하락하였다. 표 9.1을 보면 1637년 2월에 비쌌던 잉글리쉬 어드미럴, 어드미럴 반 데어 아이크, 제네랄 로트간 등 세 개 구근들의 가격은 1642년을 경과하면서 투기의 정점으로부터 연평균 32% 하락하였다. 18세기 가격하락률을 열풍 후 값비싼 구근가격이 따르는 가격하락패턴의 벤치마크로 이용해 보면 1637년 2월 희귀구근의 어떠한 가격붕괴도 최정점 가격의 16%를 초과하지 않았다는 것을 알 수 있다. 따라서 1637년 2월 희귀구근 가격의 붕괴규모는 기이한 현상은 아니었으며 희귀구근 가격의 정상적인 시계열 패턴과 궤를 같이한다.

18세기 히아신스 가격

이러한 구근가격의 일반적인 패턴에 대한 추가적인 예로 히아신스 시장을 보도록 하자. 크렐라게는 18세기와 19세기의 히아신스 가격을 제공한다. 18세기의 초입에 히아신스는 튤립을 대체하는 유행의 꽃이 되었고, 또 한 번 아름다운 변종들을 개발하기 위해 많은 노력이 기울여졌다. 튤립투기와 비

표 10.3
히아신스 가격패턴(길더)

구근	1716	1735	1739	1788	1802	1808
1. 코랄레인*Coralijn	100	12.75	2	0.6	-	-
2. 어드마이러블 L'admirable	100	-	1	1	-	-
3. 스타레크룬 Starrekroon	200	-	1	0.3	-	0.3
4. 브레덴레이크 Vredenrijck	-	80	16	1.5	-	-
5. 코닝 세소스트리스 Koning Sesostris	-	100	8	1	1	-
6. 스타텐 제네랄 Staaten Generaal	-	210	20	1.5	2	-
7. 로베인 Robijn	-	12	4	1	1	0.5
8. 스투레이스보겔 Struijsvogel	-	161	20	-	-	-
9. 미로아 Miroir	-	141	10	-	-	-

구근	1788	1802	1815	1830	1845	1875
10. 콩트 드 라 코스트 Comte de la Coste	200	50	1	0.75	0.5	0.15
11. 앙리 까트르 Henri Quatre	50	30	1	3	5	1
12. 반 두베렌 Van Doeveren	50	-	1	2	1.2	0.75
13. 플로스 니거 Flos Niger	60	20	10	-	0.25 (1860)	-
14. 렉스 루브로럼 Rex rubrorum	3	1.5	0.3	1	0.35	0.24

자료: 크렐라게, 645-655
* 크렐라게(645)는 코랄레인 구근이 원래 1,000길더에 팔렸다고 하나 연도를 명시하지 않고 있다.

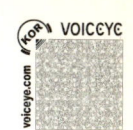

숯한 투기가 1734년에서 1739년 사이에 발생했으며, 제약 없는 금융계약에 대한 경고로서 G&W의 재출간이 이루어졌다. 표 10.3은 히아신스매니아 기간에 일어난 값비싼 구근들의 가격하락의 규모를 보여준다. 몇 개 구근의 경우 가격이 1735년 가격의 10% 정도까지 떨어져 일반 튤립구근 가격이 1637년 겪은 붕괴의 규모와 비슷함을 보여준다.

크렐라게는 히아신스가 도입된 이래의 장기간에 걸친 히아신스 가격시계열을 제공한다. 표 10.3에는 주로 도입 시 특히 가격이 높게 책정된 구근들의 가격패턴을 골라보았다. 패턴이 17세기와 18세기 값비싼 희귀튤립들이 겪은 가격움직임의 패턴과 비슷한 것에 주목하자. 가장 비쌌던 구근의 가격이 30년 내에 원래 가격의 1~2%로 떨어졌다. 애초에 무척 비쌌던 구근의 가격과 값싼 구근의 가격이 모두 0.5~1길더 사이의 가격으로 수렴하였다. 100길더 이상으로 가치가 매겨졌던 비싼 구근들의 연평균 가격하락률은 38%였는데, 이는 튤립구근의 가격하락률보다 훨씬 빠르다. 10~80길더 사이에서 가치가 매겨진 구근들의 경우 연평균 가격하락률은 20%였다.

근대 구근가격

근대에도 꽃의 새로운 구근 품종들은 높은 가격이 책정되었다. 그러나 일반적으로 구근 개발자들은 이러한 새로운 품종들을 대량으로 재생산하기 시작하고 대규모로 구근이 재생산되면 상대적으로 낮은 가격에 시장화되었다. 그러므로 원형구근의 가격은 알려지지 않는다. 원형구근의 주인이 바뀌는 극소수의 경우 거래가격은 발표되지 않는다. 하지만 1987년 하를렘 꽃구근센터^{Bloembollencentrum}의 관리들이 제공한 정보에 따르면 "매우 특별한" 튤립구근의 새 품종의 경우 킬로그램당 5,000길더에 팔렸다(1987년 환율로 2,400달러). 원형 릴리구근의 경우에는 소량이 백만 길더(1987년 환율로 48만 달러, 1999년 소비자가격으로 69만 3,000달러)에 팔렸다. 이는 좋은 주택, 자동차, 의복, 몇 톤의 밀, 호밀, 버터 등의 가격이다. 이러한 구근들은 조직배양기술을 통해 빠르게 재생산될 수 있으며 따라서 상대적으로 낮은 가격에 시장화될 수 있다.

11. 이 에피소드는 튤립매니아였나

이제 튤립가격의 움직임을 매니아로 해석하는 것이 타당한지 증거에 기반하여 검토할 것이다. 첫째, 끊임없이 제기되는 두 가지 이슈를 해결할 것이다: (1) 반투기 도덕운동에 나타나지 않는, 그 시기에 대한 설명에서 사라진 경제에 대한 부정적 영향 (2) 유명한 구근들의 소실이나 오랜 기간에 걸친 극단적인 가격하락이 그 사건의 광기를 보여준다는 주장. 그 다음으로 투기의 한 측면을 분리할 것인데 그것은 어떠한 설득력 있는 설명을 찾기가 어려운 1637년 1월에서 1637년 2월간의 일반구근들의 거래이다.

경제적인 침체는 있었는가

네덜란드에서 이 시기 발생한 중요한 사건들과 제도들에 대한 경제사 연구는 굉장히 세부적이다. 하지만 그것들은 튤립투기에 대해 거의 언급하지 않는다. 예를 들면, 캠브리지 유럽경제사(리치^{Rich}와 윌슨^{Wilson} 1975, 1977)의 4

권과 5권에서는 17세기의 네덜란드가 주요 등장인물임에도 불구하고 튤립에 대해 언급하지 않고 있다. 이 시기는 연이은 네덜란드의 상업적·금융적 승리로 특징지어지며 경제적 침체는 1648년 끝난 30년 전쟁 이후에나 네덜란드에서 구체화된 것으로 보인다. 쿠퍼[Cooper](1970, 100)는 이 시기 네덜란드의 투기적 성향의 한 예로서 튤립투기에 대해 한 문장으로 언급한다. 샤마(1987)는 근본적으로 포스트휴머스와 크렐라게에 근거하여 그 사건에 대하여 자세한 논의를 하지만 매니아에 대한 일반적인 해석을 따르고 있다.

왜 이 시기에 대한 일반적인 경제적 연구들이 투기로부터 발생한 "경제적 침체"에 대해 아주 적은 관심을 보이는지를 이해하기는 쉽다. 장기간에 걸친 가격상승이 희귀구근에서만 발생했기 때문에, 그것의 경작을 위해 중요한 농업자원은 투입되지 않았다. 크렐라게(1946, 498)는 하를렘의 모든 화훼업자들이 18세기 하반기까지 그들의 정원을 도시성벽 안에 유지했다고 썼다. 현재의 유행과는 달리 많은 동질적인 꽃들의 집산은 가치가 높지 않았으므로 정원들은 작았을 것이다.

일반구근의 엄청난 가격상승은 구근들이 땅속에 있었던 1636년 9월 이후에나 발생했으므로 이들의 가격상승은 1636~1637년간의 자원배분에 아주 적은 영향을 미쳤을 것이다. 투기는 부의 배분을 통해서만 경제에 어떤 영향을 미쳤을 것이다. 하지만 실제로 아주 적은 부가 이전되었다; 비록 와인머니는 선술집 주인들에게 이전되었지만 상단의 구매자들이 지불한 요금은 많은 거래를 경과하며 서로 균등해졌을 것이다. 더 나아가 붕괴 후 작은 금액의 결제만이 요구되었고 그나마 그 중 소수만이 실제로 행해졌다. 심지어 요구되는 결제비율이 불확실했던 기간의 불확실성도 미미한 영향을 가졌을 것이다; 애초 적은 신용을 가진 사람들은 계약이 정리될 때까지 신용의 중단에 의해 영향을 받지 않았을 것이다.

킨들버거^{Kindleberger}는 버블의 역사에 대한 대중적 감성을 지배하는 그의 저서 『광기, 패닉, 붕괴^{Mania, Panics, and Crashes}』(1996)의 새로운 편집 판에서 튤립매니아가 펀더멘털에 근거하고 있다는 나의 관점을 비판하기 위하여 이전 판에는 없었던 튤립매니아에 대한 장을 덧붙였다. 그는 네덜란드 동인도회사의 주가가 1630년에서 매니아가 끝난 3년 후인 1639년 사이에 두 배가 되었기 때문에 튤립과열의 계속적인 징후가 실제 있었다고 주장했다(9년간 다우지수가 네 배가 되었지만 이것이 필연적으로 비합리성의 징후는 아니다). 그러나 주가상승의 대부분은 1636년 이후에 벌어졌다. 즉, 1636년 3월 229에서 1639년 412로 3년 사이에 지수가 거의 두 배가 되었다. 물론 스페인 군대가 1636년에 진군 중이었으며 이는 동인도회사 주가에 영향을 주었겠지만 군대는 1639년에 퇴각하였다. 동인도무역을 위협한 제2함대가 1639년에 붕괴된 후 사태는 다시 좋아 보였다. 튤립매니아가 실물경제에 영향을 미쳤다는 증거를 얻어내기 위하여 킨들버거(1996)는 시기를 1640년대로 늘린다: "이러한 작업은 경제침체의 여파가 없기 때문에 튤립매니아라는 것은 없었다는 가버^{Garber}의 논지를 잠식한다. 실제로는 1650년에서 1672년까지 엄청난 도약을 하기 전인 1640년대에 네덜란드 경제는 일정 정도 둔화되었다." (101)**14**

구근가격이 빠르게 하락하는 것은 구근의 본질에 기인

1634~1637년간에 귀했던 튤립들이 이후 사라지거나 일반구근이 된 것은 18

세기 튤립, 히아신스 구근 및 근대 구근들의 가격패턴이 보여주듯이 새롭게 개발된 구근 품종들의 시장에서 진화해나가는 전형적 현상이다. 구근들이 번식함에 따라 그것들의 가격은 공급의 확장과 함께 자연스럽게 하락하며 오리지널 구근 소유자의 구근 재고는 증가한다. 이렇게 구근의 판매가격이 할인되므로 유일무이한 새로운 품종의 구근에 대해 높은 가격이 설정되는 것은 쉽게 정당화된다. 희귀구근 가격의 높은 수준과 하락패턴은 나중 시기 새로운 희귀품종 구근의 가격움직임과 궤를 같이한다. 18세기 단일 구근에는 1,000길더나 되는 높은 가격이 매겨졌다. 이러한 맥락에서 1623~1625년의 셈페르 아우구스투스에 매겨진 1,000~2,000길더 또는 1637년 5,500길더는 지나치게 고평가된 것으로 보이지 않는다.

일반구근

우리가 발견한 증거로 설명이 되지 않는 유일한 투기의 측면은 1637년 1월에 일반구근 가격이 한 달간 치솟은 것이다. 당시 일반구근 가격은 20배나 치솟았다. 1637년 2월 9일 이후 일반구근인 비테 크루넨에 대한 첫 관찰가격은 1642년에나 획득할 수 있다. 붕괴 이후 가격이 정점가격의 10% 이하로 하락했다는 주장은 공식적으로 제안된 3.5% 계약결제금액에서 기인했음이 틀림없다. 하지만 이것은 실제 가격하락을 반영한다기보다는 구매자가 입은 손실에 대해 구제해주는 수단으로 기능한 측면이 크다. 예를 들어, 선

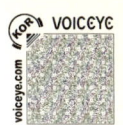

물계약에서 구근가격을 500플로린*으로 설정했는데 붕괴 후에 결제가격이 350플로린이었다고 해보자. 만일 이 계약이 실제 이행해야 하는 것으로 취급된다면 이것은 구매자에게 큰 타격을 주는 150플로린만큼의 손실을 초래한다. 대신 공식적으로는 실현되지 않은 계약에 대해 17.5플로린의 지불을 요구했을 것이다. 하지만 이렇게 제안된 결제비율로부터 붕괴 이후 구근가격에 대해 우리가 배울 수 있는 것은 없다. 어떤 특정 거래가격을 인용하지 못하기 때문에(붕괴 직후의 거래가격들은 존재하지 않는다), 엄청난 가격하락을 인용하는 저자들은 계약인수를 위해 제안된 위의 결제비율로부터 가격을 유추한다.

    표 9.1은 반 파운드의 비테 크루넨에 대한 가격 데이터를 포함하고 있다. 1637년 2월에서 1642년까지 가격은 연율 76%로 하락하였다. 18세기 가격하락 기준율로서 나는 연평균 17%를 이용하였는데, 이는 표 10.2에서 가격들이 10플로린과 71플로린 사이에 있는 구근들의 평균 가격하락률이다. 1637년 2월 이후 비테 크루넨이 이 기준율만큼 하락했다고 가정하면 가격은 붕괴 당시 정점가격의 5%로 하락해야 1642년 가격 37.5플로린이 될 수 있다. 따라서 비테 크루넨 가격은 1637년 1월에 약 26배가 올랐고 2월 첫째 주에 정점가격의 1/20로 하락한 것이다. 하지만 18세기 기준율로 봤을 때 정점가격 84플로린은 적정하며 1월 가격은 추세선을 벗어나지 않는다.

    일반구근 가격의 가파른 하락이 발생했다는 것은 차트6의 스위저 가격 시계열에 대한 관찰에서 확인된다. 이 구근에 대한 정점가격인 0.17길더/아

---

* 이 소절에서 화폐단위로 플로린이 사용되고 있는데 문맥으로 봤을 때 길더와 동의어로 사용되고 있는 것으로 보인다.

스는 시장이 정점에 있던 2월 5일에 발생했다. 공중계약으로부터 획득한 2월 6일과 9일의 데이터는 0.11길더/아스로 가격이 급격히 하락함을 보여준다. 이 현상은 2월의 첫 5일간 가격이 크게 하락한 것을 보여준다. 그러나 이 가격은 여전히 1월 23일에 발생한 가격을 초과하며 비테 크루넨에서 발생한 가격붕괴만큼 큰 폭은 아니다.

이미 희귀구근의 가격들이 장기간에 걸쳐 200~300% 올랐으므로 일반구근의 상대가격이 상승하고 붕괴한 것은 투기의 국면에서 놀랄 만한 특징이다. 이 기간의 시장상황에 대한 아주 자세한 매일매일의 정보가 있다고 해도 이러한 상대가격의 운동에 대한 펀더멘털적 설명을 발견하기는 상당히 어려울 것이다. "상단"들이 이러한 가격을 형성했다는 것은 분명하다. 앞서 지적했듯이 상단 선물계약은 계약의 성격을 내부적으로 통제할 수 없었으며 이러한 점 때문에 이런 종류의 투기가 조장됐을 것이다. 이러한 시장들은 자본을 갖지 않은 사람들로 구성되었으며, 서로 국가가 계약을 강제하지 않을 것이란 생각 속에서 계속적으로 엄청난 액수의 내기를 증가시켰다. 이것은 활기찬 튤립시장을 이용하여 역병이 들끓는 환경에서 인간들이 행한 무의미한 겨울음주게임에 다름없었다.

어떠한 경우든 일반구근의 가격운동은 맥케이와 그의 수많은 추종자들로부터 우리가 물려받은 튤립매니아의 이미지―단일 희귀구근에 대한 놀랍도록 높은 가격과 기괴한 거래―와는 아무런 관련이 없다.

실제로 튤립매니아가 얼마나 이상했는가에 대한 논의들은 최근까지도 희귀구근, 특히 맥케이가 인용한 기괴한 하나의 거래에 집중되었다. 이 거래에 대해 크렐라게(1942, 67)는 다음과 같이 썼다.[15)]

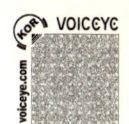

튤립매니아에 대한 유명한 논문들에서 총가치가 2,500플로린에서 3,000플로린에 이르는 여러 상품들이 단 하나의 비세로이 구근에 대해 지불되었다는 거래에 대한 이야기가 여전히 전해진다. 심지어 학술성격을 지닌 해외도서에서도 추가 연구 없이 이 거래가 실제 수행되었다고 가정된다.

하지만 그 이야기는 실제 존재하지 않았던 거래이다. 그 이야기는 '바람거래'(즉, 선물거래)를 논의하는 팸플릿에서 발견된다.[16] 팸플릿은 미래 세대에게는 놀랄 만한 이야기지만 1636년에 한 꽃구근의 가치로 다음의 모든 상품들을 살 수 있었다고 이야기한다.

24톤의 밀	448길더
48톤의 호밀	558길더
살찐 황소 4마리	480길더
살찐 돼지 8마리	240길더
살찐 양 12마리	120길더
와인 2통	70길더
8길더짜리 맥주 4톤	32길더
버터 2톤	192길더
치즈 1,000파운드	120길더
매트리스와 침구가 딸린 침대	100길더
옷감 1스택	80길더
은 술잔	60길더
총액	2,500길더

여기에 더해 이 모든 상품들을 운송하는 배 한 척에 500플로린이 소요된다. 화훼업자에 따르면 3,000플로린을 가지고 있더라도 최상품의 튤립

구근을 살 수 없다.

이러한 서술의 의도는 독자로 하여금 단일 구근에 지출된 돈의 실제가치가 얼마인가에 대한 감을 주기 위한 것이다. 이 거래가 실제 일어났다고 여긴 누군가가 이 이야기를 다시 언급하면서, 다른 자료에 따르면 당시 팔렸던 구근 중의 하나가 3,000플로린에 팔렸다고 하므로 이 거래는 비세로이에 대한 것이라고 덧붙였다. 이때부터 이 이야기는 계속 돌고 있다.

크렐라게는 이렇게 다양한 상품들을 포함하는 거래기록은 어디에서도 더 이상 찾아볼 수 없다고 덧붙였으며, 음식이 귀하지 않던 당시 어떤 판매인이 이런 종류의 거래를 원했을지 의문이라고 했다.

학술적 성격을 지닌 해외도서의 또 다른 저자인 킨들버거도 이 신화를 그냥 지나칠 수 없었다: "선수금은 넓은 토지, 가옥, 가구, 금은그릇, 그림, 의류, 마차와 회색돈점박이말로 구성되었으며; 그리고 2,500플로린에 달하는 단일 비세로이(희귀종)를 위해 24톤의 밀과 48톤의 호밀, 돼지 8마리, 12마리의 양, 2통의 와인, 4톤의 버터, 천 파운드의 치즈, 침대, 의류, 은 술잔으로 구성되었다"(킨들버거 1996, 100-101, 샤마와 크렐라게, 67을 제시하며).

심지어 진중한 역사가인 샤마(1987, 358)도 크렐라게가 위에서 인용한 바로 그 페이지를 인용하면서 크렐라게에 따르면 결코 발생하지 않았던 이 기괴한 거래를 강조하기 위하여 문맥을 완전히 무시했다. 그는 심지어 그 이야기에 자신의 허구를 집어넣었다: "단일 비세로이 구근을 위해 24톤의 밀과 48톤의 호밀, 돼지 8마리, 12마리의 양, 2통의 와인, 4톤의 버터, 천 파운드의 치즈, 침대, 의류, 은 술잔의 형태로 2,500플로린을 지불한 것은 농부였음에 틀림없다."

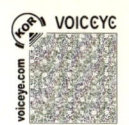

튤립매니아라는 경이로운 이야기는 명백히 사실이 아님에도 불구하고 버블이라고 외치고 싶은 사람들이 거부할 수 없었던 조악하게 지어낸 이야기이다. 이야기가 계몽적 이용을 위해 너무나 완벽했으므로, 금융적 종말을 두려워하는 투자자들로 채워진 세계에서 금융도덕가들은 그들을 위한 시장을 항상 즉각적으로 발견할 것이다.

III.

거시적 버블

12. 서론: 미시시피버블과 남해버블

이 두 가지 투기들의 금융동학은 놀랄 만큼 흡사한 형태를 지닌다. 정부방조가 이 계획들의 한가운데 놓여 있다. 각각의 계획에는 기업합병이나 정부부채의 인수를 통해 대차대조표의 급격한 팽창을 추구한 회사가 있었는데, 이 회사는 연속적인 주식의 발행을 통해 자금을 충당했으며 정부에 엄청난 수익을 제공했다. 시장에 나오는 새로운 주식들은 성공적으로 높은 가격에 제공되었다. 마지막의 주식발행기에 주식을 구매한 사람들은 주식가격이 폭락했을 때 손해를 보았으나 최초구매자들은 일반적으로 이득을 보았다.

아담 애더슨^{Adam Anderson}(1787, 123-124)은 일련의 투자자들이 벤처사업의 동일한 주식을 구입하는 투기동학을 명료하게 묘사하고 있다.

사업에 백 파운드 주식을 가지고 있는 A는 비록 꽤 많은 빚을 지고 있지만 그가 부여받은 많은 특권과 이점들을 통해 300파운드의 가치가 있다고 공표한다. A가 지혜롭고 청렴하다고 믿는 B는 사업동업자가 될 것을 요청하고 300파운드를 투자하여 동업자가 된다. 이후 사업이 꽤 향상되는 것으로 나타나면, C는 500파운드에 참가하고 이후 D가 1,100파운드에 참가한다. 이렇게 되면 자본금은 2천 파운드가 된다. 만약 동업이 A와 B에서 멈추면 A는 백 파운드를 얻고 B는 백 파운드를 잃는다. 만약에 동업이 C에서 멈추면 A는 200파운드를 얻고 C는 200파운드를 잃으며 B는 변동이 없다. 그러나 D가 참가하게 되면 A는 4백 파운드, B는 2백 파운드를 얻고 C는 변동이 없으며 D는 6백 파운드를 잃는다. 만약 A가 앞에서 말한 자본 가치가 4천 4백 파운드라는 것을 보일 수 있었다면 D에게는 어떠한 해도 없었을 것이다. 그리고 B와 C는 D에게 채무가 생겼을 것이다. 하지만 최초 자본이 단지 백 파운드의 가치가 있었고 추가 자본은 후에 참가한 동업자들에 의해서만 증가했다면, B와 C에게 그들의 차례에서 비용이 부과되었다는 것, 불행히 사려 깊지 못했던 D가 비용을 부담했다는 것이 알려져야 한다.

외부 관찰자로서 우리는 이러한 일련의 거래와 가격들을 버블이라고 해석해야 할까? 새롭게 참가하는 투자자의 관점에서 벤처가 어떠한 내재적 가치를 가지는지를 평가하는 것은 문제의 가장 핵심적인 사항이다.

첫째, 벤처가 아직 현실화되지도 않은 굉장한 배당금을 약속한다고 오리지널 투자자가 거짓으로 주장하면 그는 사기를 치고 있는 것이다. 그러나 새로운 투자자는 시장 펀더멘털에 대한 판단에 근거하여 의사결정을 할 것이다. 이 상황은 게임의 한 쪽 참가자가 정보를 감출 유인을 가지고 있는 비대칭적 정보의 상황이다.

둘째, 오리지널 투자자는 초기 투자자들에게 높은 배당금을 지불하기 위하여 주식판매자금의 일부를 이용할 수 있을 것이다. 이러한 행위는 새로운 투자자들에게 벤처의 가망성에 대한 뚜렷한 증거를 제공할 것이다. 오리지

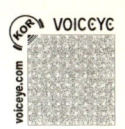

널 사기에 대한 이러한 변형은 폰지스킴으로 알려져 있다. 하지만 비둘기(사기당하는 새로운 투자자들을 지칭—역자주)는 시장 펀더멘털에 대한 그들의 판단에 따라 행동하기 때문에 여기에는 여전히 버블이 없다.

셋째, 막대한 미래 수입이 실제로 실현되어 모든 투자자들을 만족시킬 수도 있다. 이것은 성공적인 기업들이 초기 단계에 전형적으로 보이는 모습이다. 그리고 이 기업들이 증가하는 가격으로 일련의 주식을 발행한다면 현대의 투자은행가들도 자연스럽게 받아들일 것이며 미 증권거래위원회^{SEC}도 신경 쓰지 않을 것이다. 이 경우는 긍정적인 시장 펀더멘털이 실제로 현실화된 상황이다.

넷째, 비록 미래 수입이 획득 가능한 최상의 정보에 근거하여 추정되었지만 실현이 되지 않을 수도 있다. 만약 사업실패의 증거가 갑작스럽게 나타난다면 주가는 고통스럽게 가파른 하락을 겪을 것이며, 나중에 뛰어든 주식구매자들은 격렬하게 그들의 구매를 후회할 것이다. 일이 다 벌어지고 난 뒤에야 투자자들의 맹목적인 어리석음이 발견될 것이며, 사태가 충분히 극단적이라면 이러한 경우를 버블로 분류할 수 있을 것이다. 앞에서 살펴보았듯이 버블에 대한 전통적인 정의는 팔그레이브 사전(1926, 181)에 있듯이 "고도의 투기성이 동반되는 허술한 상업적 프로젝트"이니까 말이다. 하지만 만약 프로젝트가 애초에 견고하게 보였고 사후에나 어리석었던 것으로 보였다면 경제학자들은 이 사건을 시장 펀더멘털에 의해 추동된 것으로 분류해야만 한다.

마지막으로, 벤처가 큰 배당금을 지불할 확률이 없지만 계속적인 가격상승 하에서 구매할 일련의 주식구매자들이 존재한다는 것을 모든 투자자들이 완벽하게 알 수 있다. 투자자들은 그들이 구매물결의 마지막 순번이 아닐 것이라는 도박 하에서 구매한다. 현대 경제학의 문헌들은 이러한 시나리

오를 버블 혹은 연쇄편지라고 언급한다. 우리는 이제 미시시피버블과 남해 버블이 마지막 카테고리에 속하는지 아닌지 만을 고려할 것이다.

13. 존 로, 미시시피버블과 남해버블의 펀더멘털

존 로의 금융시스템

미시시피버블과 남해버블 모두 존 로^{John Law}가 창출한 통화이론과 금융시스템의 맥락에서 가장 잘 이해될 수 있다.[17) 로는 오늘날에는 잘 알려져 있지 않지만 슘페터(1954, 295) 같은 경제학자는 그에 대한 칭찬을 아끼지 않는다: "존 로는 모든 시대의 통화이론들 중에서 그의 이론을 일선에 위치시킨 탁월함과 깊이를 가지고 자신의 프로젝트가 기반하고 있는 경제학을 제시했다."

로는 자원이 불완전하게 고용되어 있는 환경 하에서의 통화이론에 대한 개요를 제시하였다. 그는 그러한 환경 하에서 지폐의 공급은 실제 상업(실물경제—역자주)을 영구히 확장하며, 가격에 대한 압력을 제거할 정도로 충분하게 화폐에 대한 수요를 증가시킨다고 주장했다([1705] 1760, 190-191). 거대한 경제적 프로젝트에 대한 자금을 조성하기 위해서 기업가는 지불수단으로 기능할 청구권을 창출할 권한만이 필요하였다. 일단 재원조달이 된 후

프로젝트는 이전에 낭비되던 자원의 고용을 통해 충분히 이윤을 내어 부채가 상환될 것이라는 대중의 믿음을 강화할 것이다. 특정 경제정책의 옹호자들과 그들의 아이디어는, 그것이 나쁘건 좋건, 정치인들이 선호하는 경제계획을 실행하는 데 편리한 구실을 제공할 때 수면 위로 떠오른다. 로의 아이디어는 1715년 프랑스에서 기회를 잡았다. 당시 프랑스는 루이 15세가 일으킨 전쟁에 의해서 파산상태였다. 1998년 러시아에서 반복된 상황에서처럼 프랑스는 국내부채의 일부를 갚기를 거절했고, 나머지 부채에 대한 이자를 억지로 감축하였으며, 부채상환에서도 연체상태에 있었다. 특권과 면제로 꽉 차버린 세제와 결합되어 고율의 세금은 경제활동을 심각하게 억눌렀다.

    프랑스의 경제적 환경은 로의 계획과 잘 맞아떨어졌으며, 그는 신속하게 섭정(루이 15세의 섭정인 오를레앙공—역자주)을 설득하여 화폐발행 은행인 방크 제네랄$^{Banque\ Generale}$을 1716년에 개설했다. 1717년 8월에 로는 서방회사$^{Compagnie\ d'Occident}$를 조직하여 루이지애나와의 교역과 캐나다 비버가죽에 대한 교역의 독점권을 인수했다. 이러한 사업 라인이 로의 시스템을 규정하는 데 있어 '미시시피'라는 단어의 원천이다.

    회사에 대한 자금조달을 위하여 로는 일부는 현금으로 지불되지만 대부분 정부부채로 지불되는 주식공모를 했다. 그는 이어 정부부채를 장기공채^{rentes}로 전환하였고 정부가 지불해야 하는 이자는 감소하게 된다.

    로의 아이디어는 현금유입을 통하여 견고한 "신용펀드"를 수립하는 것이었다. 이러한 현금유입이 자본화되면 그의 경제이론의 핵심에 놓여 있는 거대 상업 프로젝트를 수행할 때 레버리지로 이용될 수 있다는 것이다. 로의 계획의 본질은 사업의 금융부문을 먼저 시작하고 금융부문이 제 위치에 놓이면 상업 활동을 확장한다는 것이다.

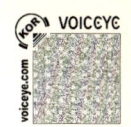

　실제 프랑스는 로의 계획 하에 재무성을 민영화하고, 로의 이론이 약속하는 상업 활동 확장이 실현되도록 기다리며 회사주식의 시장가격을 유지해야만 했다.

14. 존 로의 금융활동

서방회사는 1718년 9월 담배전매권 획득, 1718년 11월 아프리카로부터의 노예무역을 수행하는 세네갈 회사의 획득 등 상업행위를 증대시켰다.[18] 1719년 1월 섭정은 방크 제네랄을 인수하여 국왕이 발권을 보증하는 방크 호얄 Banque Royale로 이름을 바꿨다. 로는 이 새로운 은행의 책임자로 남았다. 1719년 5월 그는 동인도회사와 중국회사를 인수하여 전체 기업들을 인도회사 Compagnie des Indes로 재편했는데, 이 회사는 프랑스의 유럽 이외 모든 교역을 독점화하였다.

1719년 7월 25일, 새로운 주화를 주조할 권리를 15개월에 걸쳐 지불되는 5백만 리브르 투르누아 livre tournois의 가격으로 획득하였다. 리브르 투르누아는 회계단위였으며 로의 체제 하에서 변동을 하였던 금이나 은의 무게로 가치 측정되었다. 이 지출을 조달하기 위하여 로는 주식 5만 주를 주당 1,000리브르에 발행하였는데, 주식인수자는 이전에 다섯 번에 걸쳐 발행된 주식들도 인수하도록 요청받았다. 주가는 1,800리브르까지 올랐다.

1719년 8월 회사는 정부에 연간 5,200백만 리브르를 지불하기로 하고 프랑스의 간접세를 징수할 수 있는 권리를 구매하였다. 국세행정의 인수는 단순화된 재정체계가 상업에 이롭게 작동하며 징수비용을 감소시킨다는 로의 관점과 일치하는 것이다. 로는 세금이 예외나 특권 없이 포괄적이고 종류가 적어야 한다고 생각했다. 징수비용의 감소가 회사이익의 원천이라고 생각한 그는 국세행정의 인력재조정에 착수했다. 1719년 10월 그는 직접세 징수도 인수했다. 주가는 3,000리브르까지 상승했다.

마지막으로 로는 액면가 1.5조 리브르에 달하는 국가부채의 대부분을 인도회사를 통해 환불하기로 결정했다. 전체 부채의 액면가는 하신 Harsin(1928)의 추정에 따르면 약 2조 리브르에 달했다; 부채의 시장가액은 과거의 지급불능과 연체로 액면가보다는 적었다.

부채인수의 자금을 조달하기 위하여 로는 1719년 9월 12일, 9월 28일, 10월 2일 세 번에 걸쳐 주식을 판매하였다. 각각의 판매에서 회사는 10개월 분할 납부되는 십만 주를 주당 5,000리브르에 판매하였다. 지불은 액면가에 장기공채나 방크 호얄의 지폐로 이루어질 수 있었다. 그리하여 1720년 8월에는 정부부채를 액면가로 인수할 수 있는 충분한 자금이 마련되었다.

인도회사 지분 54만 주 중 국왕이 10만 주를 소유하였으므로 국왕은 이 계획의 강력한 지지자로 여겨졌다. 인도회사는 회사 자체가 처분할 수 있는 10만 주를 보유하였다. 미시시피사건과 남해사건의 연구자들은 회사가 보유한 자기회사 주식의 양을 중요한 것으로 간주한다. 허가된 주식발행 수에는 제한이 있었으므로, 회사가 보유한 주식은 가격이 오름에 따라 회사의 금융활동을 촉진할 수 있는 현금의 원천을 제공했다.

정부로부터의 꾸준한 수입 흐름인 정부부채의 인수는 거대한 신용펀드를 창출했는데 회사의 잠재적인 상업벤처에 대해 자본으로 이용될 수 있었다. 동시에 회사는 국가가 지불하는 이자액을 일 년에 3%로 감소시켰다. 이러한 조치 후에 주가는 1719년 10월 1만 리브르로 상승했다.

당시 회사주식은 시장가치로 5.4조 리브르였는데 회사 유형 자산의 대부분이었던 장기공채 액면가의 4배가 약간 안 되는 금액이었다. 로는 프랑스의 국부를 30조 리브르로 추산했다.

로의 권력은 프랑스의 재무장관으로 임명된 1720년에 정점에 달했다. 최고 권력을 가진 관리로서 그는 모든 정부재정, 정부지출, 방크 호얄의 발권을 통제하였다. 동시에 그는 프랑스의 해외교역, 식민지개발, 프랑스 국세징수, 주화의 발행을 통제하며 프랑스의 국가부채를 보유하는 민간회사의 최고경영자였다. 국왕은 회사의 주요주주였다. 회사가 선택한 상업프로젝트를 수행하는 데 있어 어떠한 국가적·재정적인 장애물도 없었으리라는 것은 누구에게나 명확했다. 이 이후로 주요 경제이론을 검증하는 데 있어 로가 가진

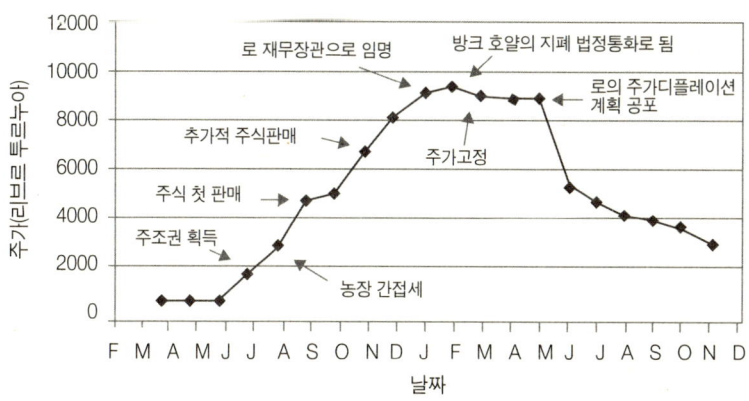

그림 14.1
인도회사 일일주가, 1720

것보다 더 좋은 조건을 가진 경제학자는 없었을 것이다.

그림 14.1은 미시시피버블을 묘사하고 있다. 가격의 상승국면은 그 당시 회사의 확장기와 연관되어 있다.

하지만 결국 선택된 상업계획은 돈을 찍어내는 것이었다. 1719년 7월의 주식발행에서부터 시작하여, 방크 호얄은 주식판매를 뒷받침하기 위하여 지폐발행을 증가시켰다. 정부는 주식발행에 대한 허가와 동시에 지폐발행을 허가했다.

예를 들어, 이전에 1억 5,900만 리브르의 발행이 허가됐었던 방크 호얄은 1719년 7월 25일에 2억 4,000만 리브르를 발행할 권리를 받았다. 추가적인 2억 4,000만 리브르의 발행은 9월과 10월의 주식발행과 연결되어 있다. 추가적인 3억 6,000만 리브르와 2억 리브르의 지폐발행이 1719년 12월 29일과 1720년 2월 6일에 추가적인 주식발행 없이 발생했다. 비교를 위하여 하신(1928)은 프랑스의 총 정화의 양을 1.2조 리브르로 추정했다. 새롭게 발행된 화폐는 주식구매자들에 대한 대출로 이용되었다. 이는 결국 부동주의 수를 줄이고 부동주를 은행지폐로 대체시켰다. 로는 주식을 우월한 통화로 간주했으므로 그의 관점에서는 이러한 현상은 통화 공급을 증가시키지 않았다.

가치상승을 통해 상승하는 부에 대한 궁극적인 통제는 자본이득을 경상재나 금으로 전환시키려는 주주들의 노력으로 나타났다. 이러한 수요를 충족시키기 위해 필요한 상품공급의 증가는 당시 존재하지 않으며, 로의 이론에서는 프로젝트가 결실을 맺은 후 높은 주식가치로부터 형성되는 수요를 충족시키기에 적절한 양만큼만 상품공급이 실현될 예정이었다. 비록 그의 사업들이 성공할 확률들도 있었지만 주식차입을 통해 사업에 단기자금을 융통한 것은 그가 세운 계획의 치명적인 금융적 결함이었다.

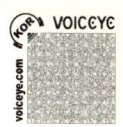

　자본이득을 금의 형태로 전환시키려는 시도가 점증함에 따라 1720년 1월 말까지 주가는 1만 리브로 밑으로 떨어지기 시작했다. 하락하는 주가로 인해 상업 확장을 시작하기 위하여 신용펀드를 이용하고자 했던 로의 계획은 위협당하게 된다.

　1720년 1월, 로는 100리브르를 넘어가는 지불에 대해 금속통화의 이용을 금지하여 지불에 있어 정화가 사용되는 것을 금지하기 시작했다. 1720년 2월 22일 인도회사는 방크 호얄의 경영에 대한 직접적인 통제권을 인수하였다; 그리고 방크 호얄의 지폐는 100리브르 이상의 지불에 있어 법적 통화로 되었다. 동시에 국왕은 그가 보유한 십만 주를 주당 9,000리브르에 회사로 되팔았다. 이 금액 중 수억 리브르가 방크 호얄에 있는 왕의 계좌로 예치되었으며 나머지 금액은 10년에 거쳐 갚기로 하였다. 그러고 나서 회사는 은행권으로 주가를 지지하는 것을 멈춰 주가의 급속한 가격하락을 초래하였다. 결국 가장 강력한 내부자는 투기의 정점 근처에서 긴급구제 되었다.

　당시 그러한 시도를 충족시킬 만한 충분한 금이 프랑스에 없었기 때문에 로는 주식을 금의 형태로 전환하려는 단순한 주주들을 비난했다. 로는 주식이 간헐적으로 매매되는 자본투자로 여겨지는 경우에만 높은 가치를 가진다고 썼다. 로의 주장에 의하면 이 경우 사람들은 당시의 지배적인 이자율보다는 다소 높은 배당금 흐름의 형태로 수익을 추취하게 된다.[19]

　1720년 3월 5일, 주가는 9,000리브르에 고정되었다: 방크 호얄은 이제 지폐와 회사주식의 교환을 위해 직접적으로 개입했다. 9,000리브르 액면가로 주식을 은행권으로 효과적으로 교환함으로써, 이 정책은 상업회사가 순환부채의 발행을 통해 자체 재원조달을 할 수 있다는 로의 이론의 실현이었다. 1720년 5월 21일의 종료 때까지 주가고정 계획은 주주들의 주식판매를 흡수하기 위하여 3월 25일, 4월 5일, 4월 19일, 5월 1일에 각각 3억, 3억 9,000, 4억 3,800, 3억 6,200리브르의 법정통화를 창출했다. 방크 호얄의 법정 통화 순환양은 약 한 달 만에 두 배가 되었다.

금속통화의 순환이 그 당시 사라져버렸기 때문에 이것은 또한 통화량의 두 배 증가를 의미했다. 금속주화를 구축하고 지폐의 전환가능성의 외양을 유지하기 위한 노력 속에서 로는 리브르 투르누아에 의한 급격한 정화가치 하락을 시도했다. 급격한 통화확장으로 월평균 물가상승률은 1719년 8월에서 1720년 9월까지 4%였으며, 1720년 1월에는 23%의 정점에 달했다. 상품가격지수는 1719년 7월의 116.1에서 1720년 9월의 203.7로 증가했다(해밀턴 Hamilton 1936-37). 그림 14.2는 은행지폐발행의 증가가 어떻게 화폐공급과 물

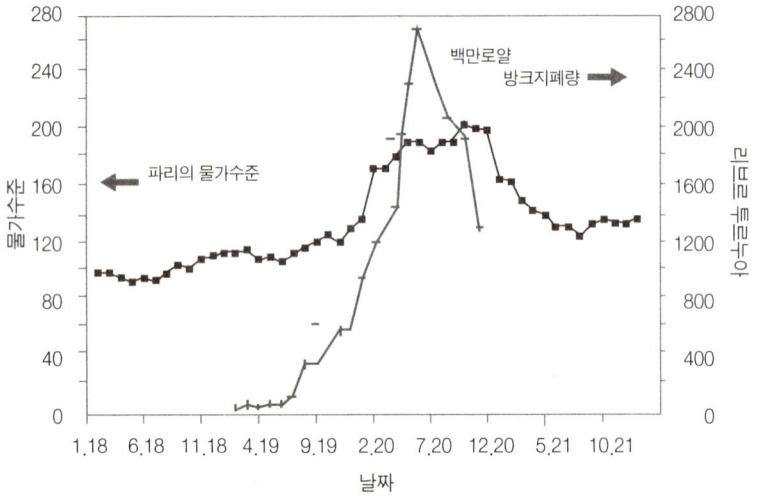

그림 14.2
미시시피 버블과 가격 데이터

가수준을 상승시켰는지를 보여준다.

주가가 너무 높은 수준에 고정되어 있다고 판단한 로는 1720년 5월 21일에 급격한 디플레이션을 제기했다.[20] 12월 1일까지 주가는 7단계에 걸쳐 9,000에서 5,000리브르로 감소할 것이었다. 방크 호얄 지폐의 가치는 액면가의 50%로 감소할 것이었다. 즉, 방크 호얄의 부채를 보유한 사람들에 대한 부채구조조정이 강제되었다. 12월까지 이 계획 하에서 서류상 자산가치 중 2.3조 리브르만이 남아 있게 될 것이었다. 이 감축안은 실제 여러 수단들에 의해서 이루어졌다. 리브르 투르누아에 의해 방크 호얄 지폐의 가치를 평가절하 하고자 했던 로의 계획은 1720년 5월 말 그가 해임되면서 폐기되었다. 하지만 그는 곧바로 재임명되었고 평가절하를 주관하였다.

1720년 10월까지 1.2조 리브르의 지폐만이 순환과정에 남았고 1.2조 리브르의 정화가 재등장했다. 정화는 1720년 초의 수준으로 급속히 재평가되었다.

1720년 12월까지 물가수준은 164.2로 떨어졌다. 그러므로 1720년 2월에 시작되는 기간은 초기 방크 호얄에 의한 주가고정—즉, 주식의 화폐화 monetization—과 이후 로에 의해 시도된 의도적인 통화가치와 주가 디플레이션의 시기이다.

회사의 주가는 1720년 9월 2,000리브르로 떨어졌고 12월에는 1,000리브르로 떨어졌다. 로의 반대자들은 이제 인도회사에 적대적인 정책—특히 주식의 2/3을 몰수—을 부과할 수 있는 위치에 있었다. 주가는 1721년 9월, 대략 1719년 5월의 가격인 500리브르로 하락했다.

15. 미시시피 시장 펀더멘털에 대한 재논의

경제학자는 인도회사의 주가상승을 미시시피버블로 요약해야 할까? 당시 주가상승의 이면에는 금융혁신과 재정개혁을 통해 프랑스 경제를 재활성화하려는 로의 프로그램이 놓여 있다. 로의 이론은 타당해 보였고 심지어 많은 근대적 징후를 가지고 있었으며, 그는 효과적인 선전가였다. 또한 투자자들은 로가 권력에 오르는 놀라운 과정을 즉각적으로 관찰할 수 있었다. 각각의 실행단계에서 그의 경제적 실험이 점점 더 성공할 것 같이 보임에 따라 투자자들은 회사의 성공가능성을 회사의 주가에 반영해야만 했다.

주가의 하락은 통화정책의 급격한 변동, 주식과 방크 호얄의 지폐발행 간의 밀접한 연관을 고려하면 더 이해하기 쉽다. 원래 주가로의 마지막 하락은 로의 실각과 회사를 해체하려는 그의 반대자들의 취임과 함께 발생했다.

로가 약속했던 상업 확장이 실현되지 않았다는 것이 근대 언어적 의미로서의 버블이 발생했다는 것을 의미하지는 않는다. 설득력 있는 경제적 아이디어가 실천에서 파열된 시기는 이 사건 때뿐은 아니다. 존경받는 근대경제학의 몇 그룹들은 케인즈 경제학, 공급측면경제학, 통화주의, 고정환율체제, 변동환율체제, 자산시장에서의 합리적 기대에 대한 믿음 등을 모두 형편 없는 결점이 있는 계획들로 묘사했다. 처음 세 개의 이론들은 로가 세운 계획의 근본 요소들이다.

　실험이 실행된 후에만 투자자들은 아이디어에 오류가 있음을 알 수 있었을 것이다. 뒤이은 주가붕괴와 사후에 투자자들의 어리석음을 언급하는 것이 그 사건에 대한 경제학자들의 해석을 혼란스럽게 해서는 안 될 것이다. 경제학의 근대적 정의에 따르면 그 사건은 시장 펀더멘털의 토대에서 쉽게 설명될 수 있다. 어떤 금융 사업이 성공하기 위해서는 항상 일정정도 투자자들이 지속적으로 사업에 대해 확신하는 것이 필요하다. 금융은 기업합리화의 선봉이다. 어떠한 레버리지에 의한 인수나 기업인수에서도 높은 주식가격이 먼저 발생하고 뒤이어 점진적으로 수입이 증가한다. 만약 투자자들이 갑자기 확신을 잃는다면 단기자금에 의해 재원조달이 되는 경우 잠재적으로 성공적인 프로젝트는 부도의 위기에 빠진다.

　로의 계획은 그가 프랑스를 기업적으로 인수하려고 시도했다는 점에서 일반적인 월 스트리트의 행위보다 더 대담했다. 하지만 로의 원칙 또한 금융이 먼저 온다는 것이었다. 금융활동과 신용순환의 확장이 경제적 확장을 위한 추동력이다. 현대적 관점에서 이 아이디어는 결점이 있는 것이 아니다. 그것은 지난 두 세대 간 생산된 통화와 거시경제에 대한 교과서의 주축 내용이며, 저고용 경제의 문제를 걱정하는 경제정책 담당자들이 공통으로 생각하는 내용이다. 실제 일본은행에 가해지는 장기 정부채권의 화폐화(돈을 찍어서 빚을 갚음—역자주)에 대한 최근의 압력은 로가 친숙하게 느낄 만한 계획이다.

　로의 실수는 그가 가속화하는 물가상승을 그의 이론이 제시하는 예측

과 불일치하는 것으로 인식했다는 것이다. 그의 디플레이션 시도는 지나친 부채과잉을 제거하기 위한 현대의 구조조정 시도와 비슷하다. 계획적인 주가 하락과 그의 실각에 뒤이은 하락 때문에 그의 실험은 경멸적인 '버블'이라는 용어로 덧칠되었다. 현대의 경제정책 담당자들은 상황이 그들의 통제를 벗어날 때 뒤따르는 10배의 물가상승을 허용하고도 노벨상을 받는다.

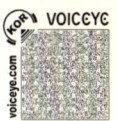

16. 로의 그림자: 남해버블

프랑스 국가부채를 차환하기 위한 로의 계획을 따라 남해회사는 영국정부의 부채를 인수하기 위하여 1720년 1월에 비슷한 계획을 시작했다.[21] 그러나 영국에서 발생한 계획의 금융적 행위는 로의 그것보다는 훨씬 단순했다: 남해회사는 상업회사의 인수나 화폐주조, 세금징수, 법정지폐통화의 발행 등 정부기능의 대규모 인수에는 관여하지 않았다.

1720년 영국의 부채는 액면가로 약 5,000만 파운드에 달했다. 이 중 1,830만 파운드는 세 개의 커다란 회사들이 보유했는데 영란은행이 340만 파운드, 동인도회사가 320만 파운드, 남해회사가 1,170만 파운드를 각각 보유했다. 민간에서 보유하는 수의상환정부채는 1,650만 파운드에 달했으며 이 채권들은 조기공지를 통해 정부가 되살 수 있었다. 약 1,500만 파운드의 부채는 비수의상환연금의 형태였다: 만기가 72년에서 87년 사이인 장기연금과 만기가 22년인 단기연금이었다.[22]

차환협정

1720년 남해회사의 자산은 아메리카에 있는 스페인 식민지인 남해에 대한 영국교역의 독점권과 정부부채의 보유로 이루어졌다. 이것들은 소규모교역에 대한 조약상의 권리였으며 특히 노예를 수출하는 권리였다. 영국의 스페인령 아메리카와의 교역은 스페인에 의해 효과적으로 봉쇄되어 수익을 내지 못했으며, 따라서 정부부채의 보유가 경제적으로 의미가 있었다. 남해회사와 영란은행 간의 경쟁적인 입찰 후에 남해회사가 부채를 차환하는 것을 허용하는 법안이 1720년 3월 21일 의회에서 첫 통과를 하였다. 이 권리를 획득하기 위하여 회사는 일반인들이 보유하는 3,100만 파운드의 부채를 얻게 된다면 정부에 750만 파운드를 지불하는 것에 동의했다.

부채획득에 필요한 자금을 조달하기 위하여 회사는 액면가 100파운드인 주식을 발행하도록 허용되었다. 획득한 장·단기 연금에 대해 회사는 일년당 100파운드에 대해 주식의 액면가를 각각 2,000파운드와 1,400파운드까지 증가시킬 수 있었다. 액면가 100파운드의 각 수의상환채권에 대해서는 100파운드까지 주식발행을 증가시킬 수 있었다. 주식의 총량은 총 발행 액면가에 의해 지정되었다. 이 사건에 대한 대부분의 연구는 이러한 관행을 따라 주식의 시장가와 액면가 사이의 차이점을 강조한다. 회사는 주식과 부채 간의 교환비율을 자유롭게 설정할 수 있었다. 회사는 교환되는 주식을 액면가보다 높게 평가하였으며, 결과적으로 시장화할 수 있는 주식초과분을 가질 수 있었다. 스콧^{Scott}(1911)은 이러한 잉여주식을 회사의 전환이익으로 명명하였다. 회사의 자기회사 주식보유가 자산을 나타낸다는 흥미로운 관점은 남해회사에 대한 최근의 검토에서도 되풀이된다. 예를 들어, 딕슨

Dickson(1967, 160)은 자산목록에 회사의 자기주식보유를 올려놓았다.

회사가 획득한 정부부채에 대해 정부가 지불할 이자율은 1727년까지 5%였으며 그 이후에는 4%였다. 이러한 조건은 정부가 부담해야 하는 연간 부채비용에서 상당한 감소가 일어났음을 의미했다.

의회의 매수

차환법령의 통과를 조건으로 남해회사는 의회의 주도적 인사들과 왕의 총애를 받는 자들에게 총 130만 파운드의 뇌물을 지급했다(스콧 1911, 315). 더군다나 1720년 8월까지 일련의 주식공모에 수많은 의회와 정부의 인사들이 참여하였다; 그리고 이들 대부분이 주식구입에 대해 대규모의 현금대출을 받았다. 예를 들어, 128명의 의원들이 일차 현금공모를 통해 주식을 획득했고, 190명이 2차, 352명이 3차, 76명이 4차에서 획득했다. 이들이 획득한 주식의 총 액면가는 110만 파운드였다. 귀족들은 1차에서 58명, 2차에서 73명, 3차에서 119명, 4차에서 56명이 참가했다. 귀족들이 획득한 주식의 총 액면가는 54만 8,000파운드였다. 차환작업 이전 남해회사 발행주식의 액면가는 1,110만 파운드였고, 투기의 마지막에는 2,280만 파운드로 증가했다. 따라서 의회의 강력한 위치에 있는 사람들이 추가적으로 발행된 주식의 17%를 획득한 것이다. 더 나아가 딕슨(1967, 108-109)이 설명하듯 주식을 담보로 하여 132명의 의원이 110만 파운드, 64명의 귀족들이 68만 6,000파운드의 대출을 받았다. 정부 관료들은 이러한 공모에서 액면가 7만 5,000파운드의 주식을 획득하였다.

뇌물증여가 이 사건에 사악한 외양을 씌우긴 했지만 그것 자체가 임박한 사기의 신호는 아니었다. 의회는 그들의 몫을 챙기지 않으면 이윤이 날 수 있는 벤처사업을 방해할 수 있었기 때문에 그 당시 뇌물은 의회의 특혜를 얻고자 하는 기업들에게는 정상적인 행위였다.

   실제 의회와 정부가 차환을 열정적으로 지원했다는 것은 남해회사의 벤처사업에 대한 공식적 협조체계가 마련됐다는 신호로서 작동했음에 틀림없다. 의원들이 주식을 보유하는 한, 그들은 회사가 미래에 제시하는 상업프로젝트들을 방해하고자 하지 않았다. 상업 확장에 대한 로의 영향력 있는 이론을 고려할 때, 남해회사의 주식은 경제를 더 높은 고용을 달성하는 균형으로 이끌 그러한 상업프로젝트들을 수행하기 위하여 레버리지로 이용될 수 있었을 것이다. 그러한 프로젝트가 존재했다면 의회의 방해 없이 회사에 귀속되는 현금수입은 이론적으로 주식의 최초가치를 정당화할 수 있었을 것이다.

17. 남해회사의 금융행위

그림 17.1은 투기기간 동안 남해회사 주가의 운동을 보여준다. 1720년 1월, 액면가 100파운드 주식이 120파운드에서 거래되기 시작하여 가격은 차환계획의 제안이 협상될 때까지 계속 상승했다. 3월 21일 차환법안의 통과와 함께 가격은 약 200파운드에서 300파운드로 급상승했다.

권력층에게 제공하기로 한 뇌물과 주주들에게 대출할 자금의 조달을 위하여 회사는 4월 14일과 4월 29일 주식현금공모를 제시했다. 첫 번째 공모에서 주당 300파운드의 가격에 2만 2,500주식이 발행되었다. 가격의 5분의 1은 현금으로 즉시 지불해야 했으며 나머지는 8회에 걸쳐 두 달에 한 번씩 분할 납부하도록 했다. 두 번째 공모에서 400파운드의 가격에 1만 5,000주가 발행되었는데 10분의 1은 즉시 현금으로 지불하도록 하고 나머지는 세 달이나 네 달의 간격으로 9회에 걸쳐 분할 납부하도록 했다. 이러한 주식발행을 통해 회사는 뇌물증여를 위하여 사용할 200만 파운드를 즉각적으로 마련하였다.

첫 번째 부채전환은 비수의상환연금의 보유자들이 남해회사 주식으로

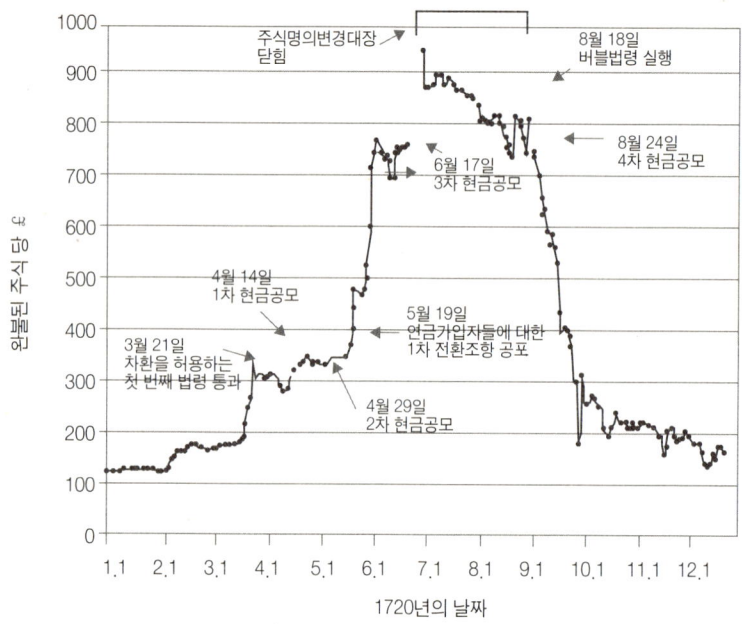

그림 17.1
남해회사 일일주가, 1720.

의 교환에 동의하도록 납득시키는 것을 겨냥하였다. 공모는 4월 28일에 시작했다. 회사는 5월 19일에 전환조항을 공포했는데 정부부채 보유자들에게 연금의 유형에 따른 전환조항을 받아들일지 아니면 거절할지에 대해 1주의 시간여유를 주었다. 한 예로 100파운드의 장기연금을 보유한 자에게는 700파운드 액면가의 주식(7주)과 575파운드의 채권 및 현금이 제공되었다. 회사가 제안을 했을 당시 남해회사 주식들은 주당 약 400파운드에 팔렸으며 따라서 회사제안에 의한 장기연금의 가치는 대략 3,375파운드였다. 스콧(1911, 311)은 전환이 시도되기 이전 연금의 시장가치를 1,600파운드로 추정했다.

주가가 146파운드 이하로 떨어지지 않는다면 연금보유자들은 잃을 것이 없었으므로 이 제안은 상당히 매력적이었다.

회사제안의 공포 이전에 공모한 모든 정부채권자들은 회사의 제안에 동의했다. 딕슨(1967, 130-132)에 따르면 회사는 이 공모를 통해 장기연금의 64%, 단기연금의 52%를 흡수했다. 회사가 미불채무의 대부분을 집적하는 데 성공할 것이라는 것이 명확해짐에 따라 주가는 700파운드로 급격히 상승했다.

주식의 시장가격 조정에 관여하고 주주들에게 대출할 수 있기에 충분한 현금을 마련하기 위하여 회사는 1720년 6월 17일에 세 번째 공모를 실행하여 주당 1,000파운드의 시장가에 500만 파운드 액면가(5만 주)의 주식을 팔았다. 구매자들은 10분의 1을 현금으로 지불해야 했으며 나머지는 9회에 걸쳐 반년에 한 번씩 분할 상환하도록 했다. 주가는 즉각 745파운드에서 950파운드로 급상승했다. 마지막 현금공모는 8월 24일에 이루어졌다. 회사는 주당 1,000파운드의 가격에 액면가 120만 5,000파운드의 주식 1만 2,500주를 팔았다. 5분의 1은 현금으로 지불해야 했으며 4회에 걸쳐 9개월에 한 번 분할 상환하였다. 6월 24일에서 8월 22일까지 회사의 주식명의변경대장은 배당금지급을 위하여 닫혔고 그림 17.1에 제시된 이 기간의 시장가격은 선물가격이다.[23]

마지막으로 회사는 정부채권에 대해 두 번의 추가적인 공모를 제시했다; 남아 있는 비수의상환과 수의상환채권에 대한 주식을 공모하기 위한 전환조항들은 각각 8월 4일과 8월 12일에 공포되었다. 수의상환채권 1,650만 파운드에서 1,440만 파운드는 1만 8,900주와 교환되었다. 주당 800파운드의 시장가에서 이는 100파운드 채권당 105파운드의 가격으로 전환되었음을 의미한다. 수의상환채권은 정부에 의해 상환될 수 있으며, 따라서 이 가격은 비록 비수의상환채권에 비교하여 외관상 낮긴 하지만 일반적으로 수용되었다. 나머지 비수의상환채권은 주식과 현금으로 교환하기로 하였다. 부채전환을 통해 남해회사는 비수의상환부채에 대해 대중이 보유하던 80%, 수의상환부채에 대해 보유하던 85%를 획득하였다.

가격붕괴

남해회사 주가는 1729년 8월 31일의 775파운드에서 10월 1일 290파운드로 붕괴했다. 공모 후 대중에게 발행된 주식과 발행예정인 주식들은 회사 등기부에 21만 2,012주로 기록되었다. 따라서 8월 31일에 모든 주식의 시장가치는 1억 6,400만 파운드였고 한 달 만에 부담스러웠던 애초 정부부채의 두 배가 넘는 양인 총액의 1억 300만 파운드가 증발하였다.

딕슨(1967, 148-152), 스콧(1911, 324-328), 닐^{Neal}(1988) 등의 연구자들은 주가하락의 속도와 폭의 이유에 대해 일반적인 유동성위기의 출현에 기인하는 것으로 설명할 뿐 구체적으로 설명하지 못한다. 남해회사 투기는 수많은 "버블회사"의 창출과 함께, 다른 회사들의 주식가격을 동시적으로 올렸다. 사기성이 농후한 이러한 버블회사들의 출현과 함께 당시의 투기와 관련하여 우리에게 전달되어온 재미있는 일화들의 대부분이 만들어졌다. 하지만 1720년 투기기간에 세워진 많은 회사들은 꽤 건실했으며 특히 왕립보험회사$^{royal\ assurance\ company}$와 런던보험회사$^{london\ assurance\ company}$가 그러했다. 의회를 매수하기 위해 높은 가격을 지불한 남해회사 이사진은 이러한 회사들로

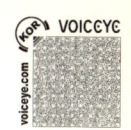

자본이 흘러들어가는 것을 경계했는데, 이러한 상업회사들의 시장진입으로 남해회사의 잠재적인 이윤들이 사라지는 것을 원하지 않았기 때문이다. 결과적으로 의회는 의회승인 없는 회사의 설립이나 기존 회사가 승인 없이 새로운 사업영역으로 진입하는 것을 방지하기 위하여 1720년 6월에 버블법령을 통과시켰다.

1720년 8월 18일 남해회사의 경쟁자들에 적대적인 버블법령의 효력이 발생했을 때 영향 받은 회사들의 주가에 대한 하락압력이 즉각적으로 발생했다. 주식은 대부분 신용매수를 통해 보유되었으므로 전면적 매도는 남해회사를 포함한 모든 회사의 주식에 충격을 줬으며 유동성확보를 위한 아우성이 일어났다. 동시에 1720년 9월, 로의 인도회사와 네덜란드 투기의 최후 붕괴가 일어나면서 유동성확보를 위한 경쟁이 일어났다. 이러한 국제적 사건들로 영국시장에서 유동성이 고갈되었을 것이다. 닐과 슈버^{Schuber}(1985)는 이 기간 동안에 발생한 대규모 자본이동에 대한 증거를 제시한다.

주가의 폭락과 함께 남해회사는 부채와 현금공모에 참가했던 주주들의 적개심에 직면한다. 의회는 재빨리 회사에 등을 돌렸고 남해회사 보유부채의 일부를 영란은행에 매각하도록 강요한다. 의회는 궁극적으로 회사의 이사진과 정부 관료들로부터 그들의 부(200만 파운드)를 박탈하여 그 자금을 남해회사에 지불할 것을 명령한다. 또한 공모참가차수가 다른 공모자들 사이에 주식의 재분배를 실행하여 후에 참가한 공모자들의 손실이 줄어들도록 했다. 마지막으로 의회는 회사가 전환특권을 받기 위하여 의회에 제공하기로 했던 710만 파운드의 지급을 탕감했다.

18. 남해회사의 펀더멘털

1720년 9월 초 남해회사 주식의 시장가치는 1억 6,400만 파운드였다. 이 가격을 지탱한 가시적 자산은 1727년까지 매해 들어오는 연간 190만 파운드, 그리고 이후 들어오는 연간 150만 파운드의 정부로부터의 수입이었다. 4%의 장기 할인율로 계산하여 이 자산은 약 4,000만 파운드의 가치가 있었다. 이것에 기대어 회사는 전환특권을 위해 710만 파운드를 지급하기로 하였고 2,610만 파운드의 순자산에 대해 채권과 청구서의 형태로 600만 파운드를 빚지고 있었다. 추가적으로 회사의 현금청구권은 주주들에 대한 대출 1,100만 파운드, 현금공모자들로부터의 7,000만 파운드가 있었다. 그리하여 주가는 자산가치를 6,000만 파운드 이상 초과하였다. 회사의 현금청구권의 불확실한 가치에 견주어볼 때 주식가치는 순 유형 자산의 5배 혹은 그 이상을 초과하였다.

어떤 무형자산이 이러한 회사가치를 정당화할 수 있을까? 다시 대답은 로의 신용펀드의 축적과 연관된 상업 확장에 대한 예측에 놓여 있다. 회사는 자금을 모으는 데 성공했고, 명확하게 그것의 벤처사업에 대한 의회의 지원을 획득했다. 이러한 기초 위에서 스콧(1911, 313-314)은 400파운드라는 주식가격이 지나치지 않았다고 믿었다.

> 18세기의 첫 분기에 상업 활동이 가장 필요로 했던 것은 충분한 자본이었고 따라서 고수익의 자본고용을 약속했던 당시 많은 전망이 좋았던 사업들을 적절히 평가하는 것은 극도로 어려웠던 것 또한 추가될 수 있을 것이다. 사실 자본은 하나의 단일 단위로 조직되어 많은 방향으로 사용될 수 있었을 테지만 이러한 방향 중 자본의 어떠한 부분도 방향을 찾을 수 없었고 그러므로 남해회사에 대한 프리미엄은 정당화될 수 있고 유지될 수 있었다. … 그러므로 1720년에 300파운드, 심지어 400파운드에 산 투자자들은 지나치게 낙관적이었던 것일 수 있으나 적어도 그의 확신이 미래에 보상받을 수 있는 가능성이 있었다는 것을 알 수 있을 것이다.

실험은 여전히 금융단계에 있을 때 유동성위기, 의회지원의 철회와 함께 종료되었다. 회고해볼 때 남해회사 주가의 높은 가격을 정당화하기 충분할 정도로 상업수익이 높을 것이라고 예측한 사람들은 지나치게 낙관적이었다. 그럼에도 불구하고 이 사건은 획득 가능한 최상의 경제적 분석에 기반하여, 시장 펀더멘털에 대한 관점의 변동에 따라 가격을 올렸던 투자자들의 노력으로 이해될 수 있다.

19. 결론

경제학과 금융의 특수용어들은 이성적인 경제적 설명들과 상충하는 (시장에서 결정된) 자산가격을 나타내기 위한 수많은 화려한 표현들을 포함한다.

튤립매니아, 버블, 연쇄편지, 폰지스킴, 공황, 폭락, 금융위기와 같은 용어들은 광적이고 비이성적인 투기적 행위의 이미지를 즉각적으로 불러일으킨다. 최근에 이와 같은 용어 혹은 그것들의 현대판들—**군집행위, 비이성적 과열, 전염, 자체형성 균형**—이 언론, 학계, 정책입안자들에 의해 1997, 1998, 1999년의 위기들을 채색하기 위해 이용되고 있다.

그러한 용어들은 항상 특별히 불안정한 시기에 금융시장의 비합리성을 주장하기 위하여 이용되어왔다. 이 중 많은 용어들이 충분히 자주 일어나고 중요한 특정 투기사건들로부터 출현했는데, 이들은 핵심적인 자본시장들이 비합리적이고 비효율적인 가격과 자원배분을 산출한다는 현재의 강한 믿음을 뒷받침한다.

이러한 주장들의 찬성자들은 세 가지 유명한 버블들—네덜란드 튤립매니아, 미시시피버블, 남해버블—의 기원에 대해 의심을 품지 않는다. 그러한 명백한 광란이 과거에 발생했다는 것은 그렇지 않았다면 그들이 좋아하는 경제이론으로 설명하기 어려웠을 현대의 사건들에 대한 유일하게 필연적인 설명으로 간주된다.

하지만 어떤 투기적 사건을 근원적으로 설명할 수 없는 범주나 대중심리에 의해 형성된 버블의 범주로 밀어 넣기 전에 합리적인 경제적 설명을 제시하기 위하여 최선을 다해야 한다. 그러한 설명들은 경제적인 현상의 내재적인 복잡성 때문에 종종 쉽게 형성되지는 않으며, 버블에 의한 설명은 마지막 대안이 아니라 첫 번째 대안으로 선택된다. 실제 어떤 사건을 버블로 특징짓는 것은 마지막 대안이 되어야 하는데, 그것은 사건에 대해 전혀 설명을 하지 못하며 우리가 사건을 이해하기 위하여 충분한 투자를 하지 않고 금융현상에 단순히 갖다 붙인 이름이기 때문이다. 항상 조악하게 정의되고 측정할 수 없는 대중심리라는 것을 어떤 사건의 설명에 적용하는 것은 우리의 설명을 자기를 속이는 시도인 유의어반복으로 이끈다.

거대한 투기적 사건들의 엄청남에 압도되어 금융시장의 관찰자들은 버블설명 안에서 웅송거리며 잠재적인 시장 펀더멘털의 점검을 무시하였다. 튤립매니아에 대한 평범한 설명의 즉각적인 이용(버블에 의한 설명—역자주)은 어떻게 버블과 매니아 정의가 정보함유에서 가장 뛰어난 사건에 대한 이해에서 우리를 멀어지게 하는지에 대한 뚜렷한 예이다. 버블설명은 훨씬 더 중요한 미시시피와 남해회사 사건을 단체 심리 병리학에 의한 설명으로 처리해버린다. 그러나 이러한 사건들은 금세기 전시경제 때까지는 실행되지 않았던 주요 이론적 설계자들에 의해 통제되고 실행된 거대한 거시경제적·금융적 실험이었다. 이론적 기초에 근본적으로 오류가 있었거나 운영자들이 그것의 완성을 위한 매일매일의 전술들을 수행할 복잡한 금융기법들을 결

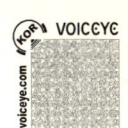

여하고 있었기 때문에 실험이 실패한 것은 사실이다. 그럼에도 불구하고 투자자들은 그것의 잠재적 성공가능성에 기대어 포지션을 취해야 했다. 금융이나 경제학을 공부하는 학생들이 일반인처럼 이 실험들의 실패를 투자자들이 바보스럽고 비합리적인 오류를 범했다는 증명으로 여기는 것은 흥미로운 일이다.

튤립매니아, 미시시피버블, 남해회사버블이 우리를 자산가격에 대한 버블이론으로 나아가게 했다는 관찰이 이 연구의 출발점을 제공했다. 특정 에피소드들의 작은 단층이 버블이 존재할지도 모른다는 믿음의 근거가 되었다면 그간 자산가격에 대한 시장 펀더멘털 이론의 관점에서 점검되지 않았던 이러한 사건들에 대한 자세한 연구를 수행하여 혹시 합리적 설명들이 간과되지는 않았는지 확인할 필요가 있다.

결국 어떤 사람이든 사건에 대한 시장 펀더멘털 설명 혹은 버블이나 대중심리이론 중 마음에 드는 것을 골라잡을 수 있다. 버블이론은 도망치기 쉬운 방법이라는 것이 나의 견해이다—그것은 단순히 우리가 쉽게 설명할 수 없는 자산가격 운동의 일부에 우리가 붙이는 이름이다. 버블이론은 유의어 반복적 설명이며 따라서 결코 반박될 수 없다. 이 책의 목표는 경제적이고 반박 가능한 내용들을 가진 설명을 발견하는 것이다.

참조1 |
대중적인 경제문헌들에 나타나는 튤립매니아

튤립투기를 기록한 사람들과 그것을 인용한 현대의 저자들은 그 사건으로 인한 시장결과물의 비합리성을 강조하기 위한 증거들을 선택하고 조직하면서 그것이 매니아였다는 것을 당연하게 여긴다.

비록 그의 저작의 7페이지만을 그것에 할애했지만 튤립매니아에 대한 맥케이의 해석은 20세기 금융시장의 참가자들과 관찰자들에게 강력한 지적 영향력을 발휘했다. 맥케이 책의 재판 간행을 권고한 버나드 바룩$^{Bernard\ Baruch}$은 그 책의 서문을 쓰면서 모든 경제적 운동에 있어서 대중심리의 중요성을 강조하였다. 자산가격 결정에 있어 심리적 영향력의 중요성을 강조했던 드레만^{Dreman}(1977)도 시장매니아의 원형으로 튤립매니아를 이용했다. 맥케이가 이용했던 같은 일화를 이야기하며 드레만은 후속하는 주요 투기적 붕괴에 대한 논의에서 항상적인 은유로서 튤립매니아를 이용한다. 그는 다음과 같이 진술한다(52):

예를 들어 만약 나의 이웃이 튤립구근을 나에게 5,000달러에 팔고자 한다면 나는 그를 비웃을 것이다. … 튤립광풍은 우리가 곧 살펴볼 매니아들처럼 그것의 진행과정에서 그 자체의 현실을 창조했다. 우리가 집을 사기 위하여 지불하는 것만큼 꽃에 지불하는 것은 터무니없다.[24] …

급속한 대규모 자산가격 변동이 있을 때마다 대중매체들은 튤립매니아를 끄집어낸다. 예를 들면 1979년에 금 가격이 급등했을 때 월 스트리트 저널의 한 기사(1979년 9월 26일)는 다음과 같이 진술했다: "금시장에서 현재 진행되는 광풍은 대중의 환상일 뿐이며, 튤립광풍이나 남해회사버블이 현대적으로 반복된 것이다." 1987년 10월 19일의 주식시장 붕괴 시 월 스트리트 저널은 비슷한 비교(1987년 12월 11일)를 제시했다; 영국 이코노미스트지는 그 사건을 다음과 같이 설명했다(1987년 10월 24일):

> 세계주식시장이 겪은 붕괴는 네덜란드 튤립구근과 남해회사버블을 기록한 찰스 맥케이의 1841년 저서 "비정상적인 대중의 망상과 군중의 광기"를 갱신할 수 있는 새로운 장의 시작과 중간부분을 제공했다. … 강세시장을 더욱더 상승시킨 것은 대중의 광기였다. … 현재 투자자들을 급속하게 출구로 내모는 것도 대중심리이다.(75쪽)

말킬[Malkiel](1985)은 그의 저서 중 한 장인 "대중의 광기"에서 선원에 대한 일화, 그리고 붕괴가 네덜란드에서 장기간에 걸친 침체를 낳았다는 주장을 포함하여 맥케이를 광범위하게 인용한다. 다른 투기 에피소드들을 언급하며 그는 다음과 같이 묻는다:

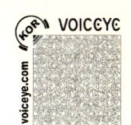

왜 역사의 교훈으로부터 배우지 못하고 그러한 투기적 광풍은 반복되는 것일까? 나는 당장 제시할 적절한 해답을 가지고 있지는 않다. 하지만 나는 버나드 바룩이 이러한 사건들에 대한 학습이 투자자들로 하여금 생존할 수 있게끔 해준다고 제안하는 것은 올바르다고 확신한다. 내 개인적인 경험에서 볼 때 시장에서 일관되게 잃는 사람들은 일종의 튤립구근광풍에서 휩쓸릴 수밖에 없었던 사람들이다(44-45쪽).

갈브레이스^{Galbraith}(1993)는 이 주제에 대해 계속적으로 이루어진 지식의 발전을 포괄하려는 진지한 연구노력 없이 튤립매니아에 대한 맥케이의 주장을 되풀이한다. 크루그만^{Krugman}(1995)도 신흥시장자본유출입에 대해 논의하면서 튤립매니아를 끄집어냈다.

좀 더 심각한 점은 중요한 전문 경제학자들이 쓴 1950년대 이전의 학술문헌들은 튤립매니아에 대한 지접적인 언급을 거의 포함하기 않고 있다는 것이다. 팔그레이브 정치경제학사전(1926, 182)은 버블에 대한 부분에서 튤립에 대한 몇 문장을 포함히느데 맥케이를 인용하고 있다. 매니아에 대한 그의 입체적 저서의 초기 판에서 킨들버거(1978)는 금융공황 및 매니아와 관련된 긴 사건들의 목록을 만들고 그들의 동학에 대한 세부적인 병리학을 제공한다. 그러나 그는 1634년의 튤립매니아와 같은 그런 매니아는 너무나 고립적이고 은행업의 확산과 함께 출현한 특유의 금융적 특성들을 결여하기 때문에 그러한 에피소드들에 튤립매니아를 포함시키지 않고 있다(6). 하지만 새로운 팔그레이브 경제학 사전(이트웰^{Eatwell}, 밀게이트^{Milgate}, 뉴만^{Newman} 1987)의 "버블"논문에서 킨들버거는 두 개의 가장 유명한 매니아 중의 하나로서 튤립매니아를 포함한다. 매니아에 대한 그의 저서의 가장 최근 판에서 킨들버거(1996)는 튤립매니아에 대해 내가 쓴 초기 논문들을 비평하는 장을 추가했다.

1950년대 자본이론의 발전, 그리고 동학적으로 불안정한 복수의 자산가격 경로가 존재할 가능성이 있다는 발견과 함께 튤립매니아는 경제 학술지에 처음으로 그 모습을 나타냈다. 사뮤엘슨^{Samuelson}(1957, 1967)은 튤립매니아를 "무한한 그룹 자기완결성을 가진 순수하게 금융적인 꿈의 세계"와 연관시킨다(1967, 230). 그는 튤립매니아를 폰지스킴, 연쇄편지, 버블과 번갈아가면서 사용한다.

사뮤엘슨의 제자들은 "한의 문제$^{Hahn\ problem*}$"와 관련한 분주한 연구 활동의 와중에 실증적 동기부여로 튤립매니아를 채택한다. 쉘^{Shell}과 스티글리츠^{Stiglitz}(1967)는 "한의 모델의 불안정성은 튤립구근매니아 같은 '투기적 호황' 기간에 작동하는 경제적 동인에 대해 시사적이다"라고 썼다. 버마이스터^{Burmeister}(1980, 264-286)는 이러한 모델들을 요약했다.

"선스팟^{sunspot}" 문헌들은 등장과 함께 이 연구방향의 동기부여로 튤립에 대해 참고하는 행위를 부활시켰다. 예를 들면, 아자리아디스^{Azariadis}(1981, 380)는 "주관적 요소가 미치는 영향에 대한 증거는 막대하고 몇 세기를 거슬러 올라가며 네덜란드 '튤립매니아', 영국 남해회사버블, 프랑스 미시시피회사의 붕괴는 역사가들이 객관적 조건에 의해서 설명하기에는 부적절하다고 간주하는 투기적 가격운동을 잘 정리하는 예"라고 주장했다. 더 최근에 아자리아디스와 궤스네리^{Guesnerie}(1986)는 "경제사가들의 문헌

---

* 한의 문제는 1965년 영국의 경제학자 프랑크 한이 제기한 문제로서 화폐가 선호체계에는 포함되지 않지만 여전히 양의 값을 갖는 상황에서 어떻게 일반균형이론을 구축하는가 하는 것이다.

은 이러한 요소들(선스팟)이 17세기 네덜란드 튤립매니아와 우리시대의 대공황 같은 현상의 설명에 있어 적절한 요소를 가지고 있다는 것을 보여준다"고 썼다(725).

새로운 팔그레이브 경제학 사전(이트웰^{Eatwell}, 밀게이트^{Milgate}, 뉴만^{Newman} 1987)의 "튤립매니아" 편에서 길레르모 칼보^{Guillermo Calvo}는 17세기의 네덜란드 투기 에피소드를 전혀 언급하지 않고 있다. 대신 그는 자산가격이 경제적 펀더멘털에 의해 설명되는 방식으로 움직이지 않는 상황을 튤립매니아로 정의한다. 그는 폭발적이고, 선스팟의 변종들인 합리적 버블들의 예를 발전시킨다. 금융관련 문헌에서는 실증적으로 관찰되는 비정상적인 현상들로 인하여 버블로서의 튤립매니아에 대해 재언급하게 되었고 유행이론 fad theory에 기반한 설명은 다시 존경받게 되었다. 미국금융학회장 취임사에서 반 혼^{van Horne}(1985)은 버블과 매니아의 가능성을 수용했으며, 예로서 "단일 구근이 몇 년 치 봉급에 팔렸던" 튤립매니아를 명백하게 언급했다.

참조2 |

17세기 튤립가격 데이터

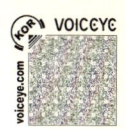

표 A2.1은 다양한 튤립에 대한 가격데이터를 포함한다. 각각의 구근 유형에 대한 관찰치는 날짜순으로 배열되며 지불된 가격, 아스로 측정된 구근의 무게, 아스당 가격, 그리고 데이터의 원천을 포함한다. 나는 데이터를 신뢰성의 측면에서 균등하지 않은 원천들로부터 모았다.

몇 원천들에는 경제역사연보 Economisch-Historisch Jaarboek(1927, 1934) 에서 포스트휴머스가 보고한 공증계약들의 번호 붙이기를 나타내기 위하여 번호가 표시되었다. 이것들은 공증 전에 법정맹세를 하고 작성한 계약이기 때문에 가장 믿을 만한 데이터이며 상단들에서 발생하지 않은 진지한 거래를 나타낸다. 이 데이터의 다수는 1637년 1월~2월의 투기정점 전으로 날짜가 기록되어 있다. 아마도 6월에서 9월까지 작성한 계약은 즉시인도를 위한 것이었을 것이다. 겨울에 체결된 계약들에 대한 인도날짜는 명확하지 않다. 크렐라게(1946)가 제시한 소수의 계약가격들은 "크렐라게-46-p482"로 표시했다. 신뢰성에서 그 다음으로 믿을 만한 것은 경제역사연보(1927)에서 뽑

아온 "아동^{Children}"이라고 명명된 구근이다. 이 구근들은 "알크마르^{Alkmaar}에서 1637년 2월 5일 가장 높은 입찰자에게 팔린 몇 개의 튤립 목록"이라고 명명된 가격목록에서 가져왔다. 이 튤립들은 총 6만 8,553플로린에 팔렸는데 바우터 바르텔미즈$^{Wouter\ Bartelmiesz}$의 아이들이 소유하던 구근이었다. 이 목록은 크렐라게(1946,488)도 이용하였다. 이 데이터도 인도날짜와 지불조건이 명확하지 않다. 또한, 2월 5일이라는 날짜는 붕괴가 2월 3일에 발생했다고 주장하는 G&W의 붕괴날짜와 맞지 않는다. 그러나 이것은 명시적으로 기록된 경매가로서 실제거래를 나타낸다고 볼 수 있다.

 신뢰성에서 가장 떨어지는 것은 G&W에서 보고된 수많은 가격들이다. G&W는 투기기간 동안의 시장본질과 가격동학에 대한 탐욕스러운 상품 Greedy Goods과 진실의 입$^{True\ Mouth}$ 사이의 길고 도덕적인 대화의 형태로 되어있다. 세 번째 대화록, "꽃 가격$^{Prijsen\ der\ Bloemen}$"은 가격과 무게를 포함한 약 250개 구근거래의 정보를 제시하지만 판매날짜는 제시하지 않는다. G&W 가격과 '아동'가격들 사이에 겹치는 부분이 많이 나타나므로 G&W의 저자는 G&W 목록을 작성하는 데 있어서 '아동'목록을 이용했음에 틀림없다. 따라서 나는 '아동'목록에 포함되지 않은 G&W의 꽃들을 포함하여, G&W 목록에 보고된 가격의 날짜를 위하여 '아동'목록의 2월 5일을 이용했다. 또한 입증 가능한 거래에서 G&W 꽃들을 다수 발견할 수 있기 때문에 G&W 저자가 세 번째 대화록에서 보고한 가격들을 만들어낸 것이 아니라는 것을 확신할 수 있다.

 투기기간 동안의 급속한 가격운동을 논의하면서 G&W는 투기의 다른 두 시점에서 관찰된 20개 구근들의 가격을 제시하는데, 각각의 구근에 대해 첫 시기의 가격들이 두 번째 시기의 가격들보다 4~6주 앞선다고 주장했다.

하지만 그들은 두 번째 거래가 일어난 날짜를 보여주지 않는다. 다행히도 이 구근들에 대한 두 번째 시기 거래들의 대부분이 '아동'목록이나 위에서 묘사한 광범위한 G&W 목록에 있는 구근들이다. 이 구근들은 G&W에서 보고된 유일한 "시계열"이므로 그것들을 포함하는 것은 중요하다. 그러므로 나는 각 구근들의 두 번째 거래는 1637년 2월 5일에 발생했고 첫 번째 거래는 5주 앞선 1637년 1월 2일에 발생했다고 추정한다. 이것이 왜 그렇게 많은 1월 2일~2월 5일 짝이 표 2A.1 목록에 나타나는지를 설명한다.

마지막으로 목록은 위에서 제시한 정보원천에서는 내가 발견할 수 없는 문팅(1672, 1696)과 크렐라게(1942)에서 제시된 몇 가지 거래를 포함한다. 불행히도 크렐라게는 몇 개의 특별한 거래와 관련하여 아스당 가격을 보고하지만 거래된 구근의 가격과 무게는 보고하지 않는다.

표 A2.1
툴립가격 데이터

날짜	툴립	가격	무게	가격/아스	자료	거래장소
01-Jun-36	어드미럴 리프켄	6.6	1	6.6000	18	Haarlem 하를럼
05-Feb-37	어드미럴 리프켄			11.8000	Krelage, 49	
05-Feb-37	어드미럴 리프켄	4,400	400	11.0000	G&W	
05-Feb-37	어드미럴 리프켄	1,015	59	17.2034	Children	Alkmaer 알크마르
02-Jan-37	어드미럴 드 만	15	130	0.1154	G&W	
02-Jan-37	어드미럴 드 만	90	1,000	0.0900	G&W	
02-Feb-37	어드미럴 드 만	250	175	1.4286	G&W	
02-Feb-37	어드미럴 드 만	800	1,000	0.8000	G&W	
02-Feb-37	어드미럴 드 만	175	130	1.3462	G&W	
02-Feb-37	어드미럴 반 엔휴이센	5,400	215	25.1163	G&W	
02-Feb-37	어드미럴 반 엔휴이센			28.0000	Krelage, 49	
02-Feb-37	어드미럴 반 엔휴이센	900	8	112.500	G&W	
02-Feb-37	어드미럴 반 후른	230	1,000	0.2300	G&W	
05-Feb-37	어드미럴 반 후른	200	440	0.4545	G&W	
01-Dec-34	어드미럴 반 데어 아이크	80	80	1.0000	7	하를럼
01-Dec-34	어드미럴 반 데어 아이크	66	20	3.3000	7	하를럼
27-Jul-36	어드미럴 반 데어 아이크	2.5	1	2.5000	17	하를럼
05-Feb-37	어드미럴 반 데어 아이크			4.5000	Krelage, 49	
05-Feb-37	어드미럴 반 데어 아이크	1,620	446	3.6323	Children	알크마르
05-Feb-37	어드미럴 반 데어 아이크	1,045	214	4.8832	Children	알크마르

날짜	품종	무게	수량	가격	출처	페이지	장소
05-Feb-37	아드미랄 반 데어 아이크	710	92	7.7174	Children	57	알크마르
01-Dec-36	블레옌부르크	350	4tulips	1.1538			암스테르담
28-Dec-36	블레옌부르크	120	104	3.5000		65	암스테르담
05-Feb-37	블레이옌부르거				Krelage, 49		
05-Feb-37	블레이옌부르거	1,300	443	2.9345	Children		알크마르
05-Feb-37	블레이옌부르거	900	171	5.2632	Children		알크마르
05-Feb-37	브루인 피퍼	2,025	320	6.3281	Children		알크마르
05-Feb-37	브루인 피퍼			10.3000	Krelage, 49		
05-Feb-37	브루인 피퍼	1,100	50	22.0000	G&W		
05-Feb-37	브루인 피퍼	1,300	60	21.6667	G&W		
10-Jul-12	캐스 옵 드 칸델라어	24			3		하를렘
02-Jan-37	센턴	40	1,000	0.0400	G&W		
15-Jan-37	센턴	72	530	0.1358	van Damme, 106		암스테르담
22-Jan-37	센턴	380	3,000	0.1267	G&W	32	
05-Feb-37	센턴	400	1,000	0.4000	G&W		
05-Feb-37	센턴	4,300	10,240	0.4199	G&W		
02-Jan-37	쿠레나르트	60	1,000	0.0600	G&W		
22-Jan-37	쿠레나르트	220	1,000	0.2200	G&W	32	
05-Feb-37	쿠레나르트	550	1,000	0.5500	G&W		
05-Feb-37	쿠레나르트	4,800	10,240	0.4688	G&W		
10-Jun-36	잉글리쉬 어드미럴	3	1	3.0000		13	암스테르담
05-Feb-37	잉글리쉬 어드미럴	700	25	28.0000	G&W		

표 A2.1 (계속)

날짜	튤립	가격	무게	가격/아스	자료	거래장소
05-Feb-37	파마	605	130	4.6538	Children	알크마르
05-Feb-37	파마	700	158	4.4304	Children	알크마르
05-Feb-37	파마	440	104	4.2308	Children	알크마르
02-Jan-37	제네랄리씨모	95	10	9.5000	G&W	
05-Feb-37	제네랄리씨모	900	10	90.0000	G&W	
02-Jan-37	질레 크루넨	24	10,240	0.0023	G&W	
05-Feb-37	질레 크루넨	1,200	10,240	0.1172	G&W	
08-Dec-36	질레 엔데 루테 반 레이던	260	578	0.4498	Krelage, 73	
02-Jan-37	질레 엔데 루테 반 레이던	46	515	0.0893	G&W	
02-Jan-37	질레 엔데 루테 반 레이던	100	1,000	0.1000	G&W	
05-Feb-37	질레 엔데 루테 반 레이던	700	1,000	0.7000	G&W	
05-Feb-37	질레 엔데 루테 반 레이던	140	400	0.3500	G&W	
05-Feb-37	질레 엔데 루테 반 레이던	550	515	1.0680	G&W	
05-Feb-37	질레 엔데 루테 반 레이던	235	240	0.5800	Krelage, 49	
05-Feb-37	질레 엔데 루테 반 레이던	235	240	0.9792	G&W	
12-Nov-36	케마흠 드 고이아	70	357	0.1961	Krelage, 73	
04-Feb-37	케마흠 드 고이아	36	1bulb		van Damme, 21	
05-Feb-37	케마흠 드 고이아	250	1,000	0.2500	G&W	
05-Feb-37	호우다			7.5000	Krelage, 49	

142

날짜	품종		무게	가격	비고	장소
01-Dec-34	호우다		45	30	1.5000	78&Krelage, 49	하를렘
01-Dec-35	호우다		2.1	1	2.1000	24	하를렘
29-Aug-36	호우다		3.75	1	3.7500	20	하를렘
25-Nov-36	호우다		446	66	6.7576	30	하를렘
09-Dec-36	호우다		600	400	1.5000	35	하를렘
12-Dec-36	호우다		520	48	10.8333	Laubach, 87	
02-Jan-37	호우다		20	4	5.0000	G&W	
29-Jan-37	호우다		100	7	14.2857	33	하를렘
05-Feb-37	호우다		3,600	1,000	3.6000	Munting&G&W	
05-Feb-37	호우다		1,500	244	6.1475	Children	알크마르
05-Feb-37	호우다		1,330	187	7.1123	Children	알크마르
05-Feb-37	호우다		1,165	160	7.2813	Children	알크마르
05-Feb-37	호우다		765	82	9.3293	Children	알크마르
05-Feb-37	호우다		635	63	10.0794	Children	알크마르
05-Feb-37	호우다		225	4	56.2500	G&W&30	하를렘
29-Sep-36	그루테 게프루미시어드		140	2,000	0.0700	28	암스테르담
29-Sep-36	그루테 게프루미시어드		300	2,000	0.1500	G&W	
29-Sep-36	그루테 게프루미시어드		300	400	0.7500	71	하를렘
29-Sep-36	그루테 게프루미시어드		280	1,000	0.2800	Children	알크마르
29-Sep-36	그루테 게프루미시어드		300	1,000	0.3000	G&W	
15-Jan-37	안 게리츠		230	288	0.7986	van Damme, 104	

표 A2.1 (계속)

날짜	툴립	가격	무게	가격/아스	자료	거래장소
05-Feb-37	안 게리츠	734	1,000	0.7340	G&W	알크마르
05-Feb-37	안 게리츠	210	263	0.7985	Children	알크마르
05-Feb-37	안 게리츠(스웨이멘데)	210	925	0.2270	Children	알크마르
05-Feb-37	안 게리츠(스웨이멘데)	51	80	0.6375	Children	알크마르
05-Feb-37	줄리어스 케사르	1,300	187	6.9519	G&W	알크마르
18-Dec-35	라투어	27	16	1.6875	9	하를렘
18-Dec-35	라투어	390	450	0.8667	G&W	하를렘
16-Jan-37	르 그란드	90	122	0.7377	Krel-46-p482	하를렘
22-Jan-37	르 그란드	21	185	0.1135	32	암스테르담
24-Jan-37	르 그란드	480	1,000	0.4800	31	하를렘
16-Feb-37	르 그란드	500	350	1.4286	Children	알크마르
16-Feb-37	르 그란드	780	1,000	0.7800	G&W	알크마르
24-Jan-37	막스	12	400	0.0300	31	하를렘
03-Feb-37	막스	400	2,000	0.2000	75	암스테르담
05-Feb-37	막스	300	1,000	0.3000	Children	알크마르
05-Feb-37	막스	300	1,000	0.3000	Children	알크마르
05-Feb-37	막스	390	700	0.5571	G&W	알크마르
06-Jan-37	뉴베르가	125	425	0.2941	65	암스테르담
05-Feb-37	뉴베르가	500	1,000	0.5000	G&W	알크마르
05-Feb-37	뉴베르가	390	495	0.7879	G&W	알크마르
05-Jan-37	뉴베르가	235	500	0.4700	Children	알크마르

날짜	종류	무게	가격	단가	비고	장소
05-Feb-37	뉴베르거	430	1,000	0.4300	Children	알크마르
05-Feb-37	뉴베르거	180	495	0.3636	G&W	알크마르
01-Dec-36	오우데나르덴	600	10,240	0.0586	57	암스테르담
02-Jan-37	오우데나르덴	70	1,000	0.0700	G&W	암스테르담
22-Jan-37	오우데나르덴	1,430	5,210	0.2793	32	암스테르담
30-Jan-37	오우데나르덴	2,200	4,864	0.4523	Krel-46-p482	하를렘
05-Feb-37	오우데나르덴	600	1,000	0.6000	G&W	알크마르
05-Feb-37	오우데나르덴	370	450	0.8222	Children	알크마르
05-Feb-37	오우데나르덴	530	1,000	0.5300	Children	알크마르
05-Feb-37	오우데나르덴	510	1,000	0.5100	G&W	
05-Feb-37	오우데나르덴	5,700	10,240	0.5566	G&W	암스테르담
17-May-33	파라곤 쉴더	50	1Bulb		34-2	
05-Feb-37	파라곤 쉴더	1,615	106	15.2358	G&W	
16-Dec-36	페테르	172	360	0.4778	van Damme, 103	
16-Dec-36	페테르	900	800	1.1250	G&W	알크마르
16-Dec-36	페테르	730	1,000	0.7300	Children	알크마르
16-Dec-36	페테르	705	1,000	0.7050	Children	
16-Dec-36	페테르	730	1,000	0.7300	G&W	
05-Feb-37	로트간즈	805	1,000	0.8050	Children	알크마르
05-Feb-37	로트간즈 (비올레테 카르망디)	725	1,000	0.7250	Children	알크마르

표 A2.1 (계속)

날짜	툴립	가격	무게	가격/아스	자료	거래장소
05-Feb-37	로트간즈 (비올레테 게브람데)	375	500	0.7500	Children	알크마르
18-Dec-35	세이블룸 반 코닝호	30	7.5	4.0000	9	하를럼
05-Feb-37	세이블룸 반 코닝호	320	220	1.4545	G&W	
05-Feb-37	세이블룸 베스테	1,000	1,000	1.0000	G&W	
05-Feb-37	스카페스테인	235	95	2.4737	Children	알크마르
05-Feb-37	스카페스테인	375	246	1.5244	Children	알크마르
02-Jan-37	스카피오	800	1,000	0.8000	G&W	
12-Jan-37	스카피오	1,500	1,000	1.5000	28	암스테르담
05-Feb-37	스카피오	100	10	10.0000	G&W	
05-Feb-37	스카피오	400	82	4.8780	Children	알크마르
05-Feb-37	스카피오	2,250	1,000	2.2500	G&W	
01-Jul-23	셈페르 아우구스투스	1,000	1bulb		Krelage, 32	
01-Jul-24	셈페르 아우구스투스	1,200	1bulb		Posthumus	
01-Jul-25	셈페르 아우구스투스	2,000	1bulb		Krelage, 33	
05-Feb-37	셈페르 아우구스투스	5,500	200	27.5000	Munting	
02-Jan-37	스위저	60	10,240	0.0059	G&W	
15-Jan-37	스위저	120	9,728	0.0123	34	하를럼
22-Jan-37	스위저	280	10,240	0.0273	32	암스테르담
23-Jan-37	스위저	385	10,240	0.0376	Krelage, 51	

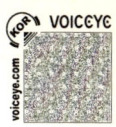

Date	품종	수량	가격	비고	장소
01-Feb-37	스위처	1,400	9,728	75	암스테르담
03-Feb-37	스위처	6,000	40,960	38	암스테르담
05-Feb-37	스위처	1,800	10,240	G&W	
06-Feb-37	스위처	1,100	10,240	34-6	암스테르담
06-Feb-37	스위처	1,060	10,240	34-5	암스테르담
09-Feb-37	스위처	1,100	10,240	40	하를렘
02-Jan-37	비세로이	3,000	1,000	G&W	
05-Feb-37	비세로이	4,203	685	Children	알크마르
05-Feb-37	비세로이	3,000	410	Children	알크마르
05-Feb-37	비세로이	2,700	295	G&W	
05-Feb-37	비세로이	6,700	1,000	G&W	
10-Jul-12	블람스	450	38,912	4	하를렘
02-Jan-37	비테 크루넨	128	10,240	G&W	
05-Feb-37	비테 크루넨	300	1,000	G&W	
05-Feb-37	비테 크루넨	3,600	10,240	G&W	
05-Feb-37	비테 크루넨			Krelage, 49	
05-Feb-37	조머	1,010	368	G&W	

주석

1) 정치경제사에 대한 논의는 다음의 문헌들을 참조했음. 리치와 윌슨의 캠브리지 유럽 경제사 4권과 5권(Rich and Wilson 1975,1977), Braudel(1979) 3권, Attman(1983), Cooper(1970)의 신 캠브리지 유럽 근대사 4권.
2) Attman(1983, 35) 참조. 길더는 회계단위였는데 fl.(플로린)으로 표시되었으며 20스튀버로 구성되었다. 스튀버는 16페닝으로 구성되었다. 길더는 두 가지 금속으로 된 화폐단위였으며 1610-1614년에는 순은 10.75그램, 1620-1658년에는 10.28그램, 그리고 그 이후에는 9.74그램의 가치를 가졌다. 이 부분은 Posthumus(1964, cxv)와 Rich and Wilson(1977, 458)을 참조. 길더의 금 함유량은 1612년에 순금 0.867그램, 1622년 0.856그램, 1638년 0.77그램, 1645년 0.73그램이었다. 금 함유량은 16%가 감소한 것이다. 이와 관련해서는 Posthumus(1964, cxix) 참조. 음식류, 금속, 섬유의 가격은 1600-1750년의 기간에 중대한 추세변동을 보이지 않는다. 따라서 우리가 검토할 구근가격 변동의 규모로 봤을 때, 이 시기 물가는 거의 변동하지 않은 것으로 간주한다.
3) 다양한 유가증권들 및 암스테르담 거래소에서의 정교한 시장조작에 대한 정보를 위해서는 Penso de la Vega([1688] 1957) 참조.
4) 베크만은 원래 이 책을 18세기 말에 독일에서 썼는데, 저자는 영어로 된 4판(1846)만을 참조할 수 있었다.
5) 이 팸플릿들의 목록을 위해서는 Krelage(1942, 1946)의 참고문헌을 참조.
6) 이 글들은 the Weekblad voor Bloembollencultur로 발간되었고 Van Damme(1976)에 재 게재되었다.
7) 이 절의 논의는 Schama(1987, 323-371)와 Penso de la Vega(1688, xii-xix)의 번역본에 의존하였다.
8) 30년 전쟁의 확산에 대해서는 Prinzing(1916)을 참조. 또한 Cooper(1970,76)도 참조.
9) Mather(1961, 44) 참조.
10) Doorenbos(1954, 1-11) 참조.
11) Mather(1961, 100-101) 참조.
12) Posthumus(1929, 442) 참조.
13) 길레 크루넨과 비테 크루넨은 여러 색깔을 띠고 있었지만 변형튤립은 아니었다.
14) 튤립매니아 시기의 경제적 침체에 대한 논의에서 말킬(Malkiel)은 다음과 같이 묻는다. "투기게임의 초기에 팔아치운 사람들은 어떠한가? 결국 그들 역시 튤립광풍에 휩싸였다. 이 기괴한 이야기의 마지막 장은 상승과 붕괴로 발생한 충격이 네덜란드에서 지속적인

경기침체를 초래했다는 것으로 끝난다. 누구도 이 여파를 피할 수 없었다." 하지만 불행히도 네덜란드에서 경기침체는 발생하지 않았다. 말킬은 그 사건을 진지하게 연구하는 것보다 맥케이로부터 내려온 신화를 전파하는 것을 선호한다.

15) 이 부분의 번역에 대해 Guido Imbens와 Klaas Baks에게 감사한다.
16) 크렐라게는 정보의 원천으로 "Clare ontdeckingh der ghener, die haer tegenwoordigh laten noemen Floristen"(Hoorn: Zacharias Cornelisz, 1636)을 인용한다.
17) 이 절은 광대한 미시시피계획에 대한 간략한 개요를 제시한다. 이 계획과 실행에 대한 최근의 흥미로운 해석을 보려면 Antoin Murphy의 훌륭한 저서 John Law와 Richard Cantillon에 대한 그의 전기를 참조. Larry Neal(1990)은 남해회사와 미시시피버블에 대한 분석과 함께 영국, 네덜란드, 프랑스 금융시장의 발전에 대한 전반적인 설명을 제공한다.
18) 로의 실험에 대한 이 부분의 개요는 Harsin(1928), Faure(1977), Murphy(1986)의 설명에 기반한다.
19) 로의 Deuxieme Lettre sur le nouveau system des finances에 대한 Harsin(1928, 180)의 인용을 참조.
20) Murphy(1997, 235)는 로가 일시적으로 권력을 잃었던 기간에 주가를 고정하도록 압력을 받았다고 주장한다.
21) 저자는 이 절의 실제적 정보를 주로 Scott(1911), Carswell(1960), Dickson(1967)에서 이용하였다.
22) Neal(1988)은 이러한 연금들의 본질에 대해 논의한다.
23) Neal(1988)은 7월 1일에 정점가격이 950파운드였다고 주장한다. Scott(1911)은 정점가격이 1,050파운드였다고 하지만 이는 명백하게 10%의 주식배당금을 포함하는 금액이다. Neal을 따라 저자는 정점가격 950파운드를 이용했다.
24) Dreman은 명백하게 그의 저술 전에 하를렘에서의 구근가격을 조사하는 것을 무시했다.

참고문헌

Anderson, A. 1787. *An Historical and Chronological Deduction of the Origin of Commerce*, vol. 3. London: J. Walter.

Attman, A. 1983. *Dutch Enterprise in the World Bullion trade*. Goteborg: Almqvist and Wicksell.

Azariadis, C. 1981. "Self-Fulfilling Prophecies." *Journal of Economic Theory* 25:380-396.

Azariadis, C., and R. Guesnerie. 1986. "Sunspots and Cycles." *Review of Economic Studies* 53 (Oct.):725-737.

Beckmann, J. 1846. *History of Inventions, Discoveries, and Origins*, vol. 1, 4th ed. London: Harry G. Bohn.

Bradley, R. 1728. *Dictionarium Botanicum: Or, a Botanical Dictionary for the Use of the Curious in Husbandry and Gardening*. London.

Braudel, F. 1979. The Perspective of the World. Vol. 3, *Civilization & Capitalism, 15th-18th Century*. new York. Harper and Row.

Burmeister, E. 1980. *Capital Theory and Dynamics*. Cambridge: Cambridge University Press.

Carswell, J. 1960. *The South Sea Bubble*. London: Cresset Press.

"Clare ontdeckingh der Ghener, die haer tegenwoordigh laten noemen Floristen." 1636. Hoorn: Zacharias Cornelisz.

Cooper, P. 1970. *New Cambridge Modern History*. Vol. IV, The Decline of Spain and the Thirty Years' War. Cambridge: Cambridge University Press.

D'Ardene, J. 1760. *Traité des Tulipes*. Avignon: Chambeau.

de Vries, J. 1976. *The Economy of Europe in and Age of Crisis*, 1600-1750. Cambridge: Cambridge University Press.

Dickson, P.G.M. 1967. *The Financial Revolution in England: A Study in the Development of Public Credit*. London: Macmillan.

Doorenbos, J., "Notes on the History of Bulb Breeding tn the Netherlands." Euphytica 3, no.

1 (Februay 1954):1-11.

Dreman, D. 1977. *Psychology and the Stock Market*. new York: Anacom.

Eatwell, J., M. Milgate, and P. Newman, eds. 1987. *The New Palgrave Dictionary of Economics*. Dictionary oillan.

Faure, E. 1977. *La Banqueroute de Law*. Paris.

Galbraith, J.K. 1993. *A Short History of Financial Euphoria*. new York: Viking.

Garber, P. 1989. "Tulipmania." *Journal of Political Economy* (April): 535-560.

____. 1990a. "Famous First Bubbles." *Journal of Economic Perspectives* (May): 35-54.

____. 1990b. "Who Put the Mania in Tulipmania?" In E. White, ed., *Crashes and Panics: The Lessons from History*. Homewood, Il: Dow-Jones Irwin.

Hamilton, E. 1936-37. "Prices and Wages at Paris under John Law's System." *Quarterly Journal of Economics* 51:42-70.

Harsin, P. 1928. *Les Doctrines Monetarires et Financieres en France*. Paris: Librairie Felix Alcan.

Hartman, H., and D. Kester. 1983. *Plant Propagation*. Englewood Cliffs, NJ: Prentice-Hall.

International Monetary Fund. 1998. *World Economic OUtlook and International Capital Markets, Interim Assessment*. Washington, DC: IMF.

Kindleberger, C. 1978. *Manias, Panics, and Crashes*. New York: Basic Books.

Kindleberger, C.P. 1996. *Manias, Panics, and Crashes: A History of Financial Crises*, 3d ed. New York: Wiley.

Krelage, E. H. 1942. *Bloemenspeculatie in Nederland*. Amsterdam: P.N. van Kampen & Zoon.

____. 1946. Drie Eeuwen Bloembollenexport, Vol 2. s'Gravenhage.

Krugman, P. 1995. "Dutch Tulips and Emerging Markets." *Foreign Affairs* 74:28-44.

La Chesnee Monstereul. 1654. *Le Floriste François*. Caen: Mangeant.

Law, J. [1705] 1760. *Money and Trade Considered: With a Proposal for Supplying the Nation with Money*. Glasgow: Foulis.

"Liste van Eenige Tulpaen..." [1637] 1927. In *Economisch-Historisch Jaarboek*, vol. XII, 96-99. Reprint, haarlem: Adriaen Roman.

Mackay, c. [1841] 1852. *Extraordinary Popular Delusions and the Madness of Crowds*, vol. 1, 2d ed. London: Office of the National Illustrated Library.

Malkiel, B. 1985. "The Madness of Crowds." In *A Random Walk Down Wall Street*, 4th ed. New York: Norton.

Malkiel, B. G. 1996. *A Random Walk Down Wall Street*. New York: Norton.

Mather, J. 1961. *Commercial Production of Tulips and Daffodils*. London: WH&L.

Munting, A. 1672. *Waare Oeffening der Planten*. Amsterdam.

_____. 1696. *Naauwkeurige Beschryving der Aardgewassen*. leyden.

Murphy, A. E. 1986. *Richard Cantillon, Entrepreneury and Economist*. Oxford: Clareendon Press.

_____. 1997. *John Law: Economi Theorist and Policy-Maker*. Oxford: Clarendon press.

Neal, L. 1988. "How the Southe Sea Bubble Was Blown Up and Burst: A new Look at Old Data." University of Illinois Working Paper, August.

_____. 1990. *The Rise of Financial Capitalism*. Oxford: Cambridge University Press.

Neal, L., and E. Schubert. 1985. " The First Rational Bubbles: A new Look at the mississippi and South Sea Schemes." BEBR Working Paper 1188, University of Illinois, Urbana-Champaign, September.

Palbrave, R. H. 1926. *Dictionary of Political Economy*. London: Macmillan.

Penso de la Vega, J. [1688, Amsterdam] 1957. *Confusion de Confusiones*, English trans. Boston: Baker Library.

Posthumus, N. W. 1926, 1927, 1934. "Die Speculatie in Tulpen in de Jaren 1636-37." *Economich-Historisch Jaarboek*.

_____. 1929. "The Tupip mania in Holland in the Years 1636 and 1637." *Journal of Economic and Business History* 1 (May).

_____. 1964. *Inquiry into the History of Prices in Holland*. Leiden: E. J. Brill.

Prinzing, F. 1916. *Epidemics Resulting from Wars*. Oxford: Clarendon Press.

"Register den de Prijsen der Bloemen... Derde Samenspraeck." [1637] 1926. In *Economisch-Historisch Jaarboek*, vol. XII. Reprint, Haarlem: Adriaen Roman.

Rich, E. E., and C. H. Wilson, eds. 1975. *The Cambridge Economic History of Europe. Vol. IV, The Economy of Expanding Europe in the Sixteenth and Seventeenth Centuries*. London: Cambridge University Press.

_____. 1977. *The Cambridge Economic History of Europe. Vol. V, The Economic Organization of Early Modern Europe*. London: Cambridge University Press.

The Royal General Bulbgrowers Society. 1969. *Classified List and International Register of Tulip Names.* Haarlem.

"Samenspraeck Tusschen Waermondt ende Gaergoedt: Flora." [1637] 1926. In *Economisch-Historisch Jaarboek*, vol. Xii. Reprint, Haarlem: Adriaen Roman.

Samuelson, P.A. 1957. "Intertemporal Price Equilibrium: A Prologue to the Theory of Speculation." *Weltwirtschaftliches Archiv* 79, no. 2:181-219; reprinted in J. Stiglitz, ed., *the Collected Scientific Papers of Paul A. Samuelson*, vol. 2. Cambridge: The MIT Press, 1966.

_____. 1967. "Indetermincy of development in a Heterogeneous-Cpital Model with Constant saving Propensity." In K. Shell, ed., *Essays on the Theory of Optimal Economic Growth*. Cambridge: The MIT Press.

Schama, S. 1987. *The Embarrassment of Riches*. New York: Alfred Knopf.

Schumpeter, J. 1954. *History of Economic Analysis*. New York: Oxford University Press.

Scott, W. 1911. *The Constitution and Finance of English, Scottish, and Irish Joint Stock Companies to 1720*, vol. 2. Cambridge: Cambridge University Press.

Shell, K., and J. Stiglitz, 1967. "The Allocaiton of Investment in a Dynamic Economy." *Quarterly Journal of Economics* 81, no. 4(November):592-609.

Smith, K. 1937. *Textbook of Plant Virus Diseases*. London: J&A Churchill.

Solms-Laubach, H. Graf. 1899. *Weizen und Tulpe und deren Geschichte*. Leipzig: Felix.

"Tweede Samenspraeck Tusschen Waermondt ende Gaergoedt." [1637] 1926. In *Economisch-Historisch Jaarboek*, vol. XII. Reprint, Haarlem: Adriaen Roman.

van Damme, A. 1976. *Aanteekeningen Betreffende de Geschiedenis der Bloembollen, haarlem 1899-1903*. Leiden: Boerhaave Press.

van Horne, J. 1985. "Of Financial Innovations and Excesses." *Journal of Finance* 40, no. 3 (July): 621-631.

van Slogteren, E. 1960. "Broken Tulips." In *The Daffodil and Tulip Year-book*, 25-31. London: Royal Horticultural Society.

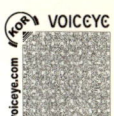

찾아보기

(ㄱ)

가버(Garber) 85
간접세 104
경제역사연보(Economisch-Historisch Jaarboek) 137
공매도 45
공증 137
군집행위 17, 19
꽃 가격(Prijsen der Bloemen) 138

(ㄴ)

남해회사 115
낱개상품 59
네덜란드 서인도회사 35
노르트링겐의 전투 35
노예무역 36, 103

(ㄷ)

동인도회사 36, 115

디플레이션 109

(ㄹ)

런던보험회사(london assurance company) 122
레버리지 112
리브르 투르누아(livre tournois) 103

(ㅁ)

맥케이 39
모자이크 바이러스 52
문팅(Munting) 42, 55
물가상승률 108
미 증권거래위원회(SEC) 97

(ㅂ)

바람거래(windhadel) 46, 89
방크 제네랄(Banque Generale) 100
방크 호얄(Banque Royale) 103

버블법령 123
변형 52
변형된 튤립 52
비늘줄기 51, 52
비대칭적 정보 96
비둘기 97
비셀방크(Wisselbank) 45
비수의상환연금 115
비이성적 과열 20

(ㅅ)

상단(college) 56, 88
새로운 팔그레이브 경제학 사전 133
서방회사(Compagnie d'Occident) 100
선물거래 59
선물시장 45
선스팟(sunspot) 134
선 페스트(The Bubonic Plague) 49
세네갈 회사 103
셈페르 아우구스투스(Semper Augustus) 39
수의상환정부채 115
슘페터 99
스튀버(stuiver) 56
시계열 59
시장 펀더멘털 8, 26, 27, 31, 96, 97, 111, 112, 126, 128, 129
신용펀드 100, 104
신흥시장자본유출입 133

(ㅇ)

아젠(azen) 55
암스테르담 증권거래소 72
약세화 공격(bear raid) 46
연속적 안정시장 24, 25
연쇄편지 98
영란은행 115
와인머니(wine money) 56, 84
왕립 구근 경작자 협회 53
왕립보험회사(royal assurance company) 122
월 스트리트 저널 132
이코노미스트지 132
인도회사(Compagnie des Indes) 103

(ㅈ)

장기공채 104
전환이익 116
정부채권의 화폐화 112
조작적 정의(operational definition) 18
존 로(John Law) 99
주식명의변경대장 121
주식현금공모 119
중국회사 103
직접세 징수 104

(ㅊ)

차환 117

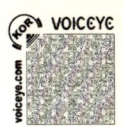

차환법령 117
찰스 맥케이 26

(ㅋ)

케인즈주의 20
크렐라게(Krelage) 43
킨들버거 22, 133

(ㅌ)

탐욕스러운 상품(Gaergoedt)과 진실의
　　입(Waermond) 42
통화량 108

(ㅍ)

파운드상품 59
파이낸셜 타임즈 17
팔그레이브 정치경제학사전 21, 133
펀더멘털 13
포스트휴머스(Posthumus) 43, 58
프레데릭에 대한 호소(스타드호우데르
　　the Stadholder) 46

(ㅎ)

하를렘(Haarlem) 41, 49
하를렘 꽃구근센터
　　(Bloembollencentrum) 81
하를렘서 쿠란트(Haarlemscher
　　Courant) 75
한의 문제(Hahn problem) 134
해상보험 회의소 45
현물거래 59
히아신스 43, 80, 86

찾아보기 157

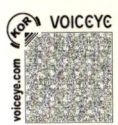

피터 가버(Peter Garber)

시카고대학에서 경제학 박사학위를 취득한 후 버지니아, 로체스터, 브라운 등의 대학에서 경제학 교수로 재직했으며, 현재는 도이체 방크의 글로벌 시장 리서치 센터에서 글로벌 전략 담당자로 일하고 있다. 현재도 국제경제와 국제금융에 대한 다수의 논문들을 활발하게 집필하고 있다.

이용우

유니버시티 칼리지 런던(UCL)에서 'Essays on Empirical Contract Theory: Evidence from the Car Insurance Data'로 경제학 박사학위를 취득했다. 삼성금융연구소를 거쳐 현재는 산은경제연구소에서 국내경제 및 부동산시장 분석을 담당하고 있다. 시장 불완전성과 그것의 정책적 함의에 관심을 두고 있다.

버블의 탄생
—유명한 최초의 버블들

1판 1쇄 펴냄 2011년 1월 3일

지은이 피터 가버
옮긴이 이용우
펴낸이 이형진

펴낸곳 도서출판 아르케 | 출판등록 1999. 2. 25. 제2-2759호
주소 강원도 홍천군 내촌면 와야리 300-4
대표전화 (02)336-4784~6 | 팩시밀리 (02)6442-5295
E-Mail arche21@gmail.com | Homepage www.arche.co.kr

값 20,000원

ⓒ 아르케, 2010
ISBN 978-89-5803-104-8 03320